Jerrold Plum

Cortacuellos Flint

Los gemelos
Sabanito

Fanfaluc

PERSONAJES

WILL

Último vástago de la gloriosa (por así decirlo...) dinastía de los Moogley. Desde que su tío Alvin pasó a mejor vida, Will dirige la Agencia de Fantasmas más desastrosa del planeta.

TUPPER

Al único amigo de Will siempre le toca el trabajo más duro.

TÍO ALVIN

Ahora es un fantasma, y vaga por una playa de las islas Hawai.

CENTELLA Y RAYO
Las tortugas gemelas.

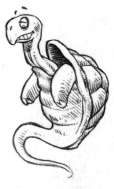

SUSAN
La encantadora rubia
del segundo piso.

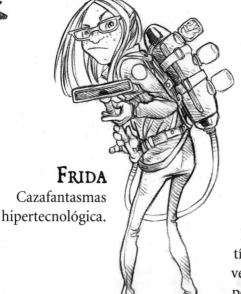

FRIDA
Cazafantasmas
hipertecnológica.

TÍA MAUD
La insoportable
tía de Will siente
verdadera pasión
por el ocultismo.

Equipo
(rigurosamente top secret)
de la Agencia de Fantasmas

JANUA, EL RELOJ DE PÉNDULO — El viejo reloj de madera de los Moogley sirve para ir del mundo de los vivos al mundo espectral. Todos los fantasmas salen de su caja cuando aceptan un encargo.

ESPIRITELEVISIÓN — El televisor *terrorfunken* se enciende solo cuando alguien organiza una sesión de espiritismo. Funciona como una centralita de taxis: Will sabe dónde piden un fantasma y manda allí a uno de sus... ¡clientes!

PERIÓDICO ESPECTRAL — Es el periódico oficial de la Federación Internacional de Agencias Mejor Vida. Incluye noticias de todo tipo sobre el mundo de los espectros.

BAÚL — En el salón de los Moogley hay un panzudo baúl cubierto de tachuelas. En su interior se guardan los *curriculum mortis*, es decir, las fichas con toda la información sobre los fantasmas de la Agencia.

ULTRALAMBIQUE — Sirve para destilar ectoplasma, exquisita sustancia que hace las delicias de los fantasmas. Según dicen, el ectoplasma Moogley, cuya receta se ha transmitido de generación en generación, es el mejor del Nuevo Mundo.

AUDIOSCOPIO — Fruto del ingenio del formidable Leonardus Moogley, el inventor de la familia. Es un telescopio muy potente, que lleva un dispositivo especial para captar sonidos a distancia.

HORRELOJ — Reloj pequeño de latón, sincronizado con el reloj de péndulo por el que salen los fantasmas. Sirve para contar las horas de trabajo que realiza cada fantasma.

CÁMARA ESPECTROGRÁFICA — Vieja Laika réflex de carrete. Fotografía presencias, espíritus y elementos fantasmales que nadie puede ver a simple vista, ni siquiera el experto Will.

FANTAMAPA — El mapa de Nueva York está colgado detrás de un cuadro. Los fantasmas de la Agencia de Will están marcados con banderines rojos, y los fantasmas de la Agencia rival, con banderines azules (¡cada día son más!).

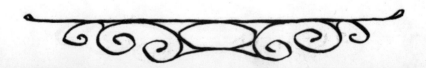

Título original: *Will Moogley: Hotel a cinque spettri*
Autor: Pierdomenico Baccalario

Publicado originalmente por Edizioni PIEMME Spa, Italia

© proyecto y realización editorial, DREAMFARM, 2008
© del texto, Pierdomenico Baccalario, 2008
© de las ilustraciones, Matteo Piana, 2008
© de la traducción, Helena Aguilà Ruzola, 2010
Adaptación cubierta: Editor Service, S.L.
Fotocomposición: Víctor Igual, S.L

© de esta edición, RBA Libros, S.A., 2010
Pérez Galdós, 36 08012 Barcelona
www.rbalibros.com / rba-libros@rba.es

Primera edición: marzo 2010

Ref: MONL002
ISBN: 978-84-2720-008-1
Depósito legal: B-8.536-2010
Impreso por: Liberdúplex

Pierdomenico Baccalario

HOTEL
DE CINCO ESPECTROS

Ilustraciones de
Matteo Piana

Traducción de Helena Aguilà

MOLINO

Un día terrible

Nueva York.

El típico día terrible.

Bajo el cielo gris y oscuro, los rascacielos de Manhattan parecían lápidas gigantescas. Una lluvia fina, densa e insistente, empapaba el cuello de la cazadora de piel negra de Willard, provocándole escalofríos. Las puntas del flequillo negro se le habían pegado a la frente como tentáculos de calamar. Los automóviles, detenidos en los semáforos, soltaban nubes de humo blanco.

Will, alto y delgado, cruzó la calle arrastrando sus zapatillas de deporte con los cordones desatados. Era evidente que estaba de mal humor. En esas circunstancias, siempre andaba encorvado y torcido, el cuello hacia delante como un cuervo, la mirada lúgubre fija en la acera.

Estaba furioso por lo mal que iban las cosas. Al pasar por la puerta de Hooney, el supermercado de la calle Sesenta y Tres, casi se llevó por delante a una anciana cargada con las bolsas de la compra. Estaba tan desanimado que no vio los terroríficos carteles que anunciaban el regreso a la ciudad de los Gutterzombies, su grupo de rock preferido. Pasó ante la tienda discográfica de su amigo Leo, y ni siquiera echó una ojeada al sucio escaparate, repleto de cedés de segunda mano y viejos discos de vinilo. Fue directo a su casa, situada en el rascacielos más viejo y destartalado del barrio. Abrió el portal de un puntapié, y se metió en el ascensor goteando por el dobladillo de sus vaqueros.

El ascensor necesitaba una buena limpieza, lo mismo que el resto del edificio. Una moqueta deteriorada, modelo piel de rata, cubría el suelo. En las paredes, los gamberros habían grabado a navaja múltiples frases sobre los paneles de madera, impregnados del insufrible olor a manzanilla hedionda de la señorita Cole, la vecina del piso 19.

Will registró estas informaciones sin el menor interés. Cerró las puertas de madera carcomida del ascensor, pulsó el botón gastado y esperó la sacudida que siempre acompañaba el trayecto ascendente. Pero siguió viendo el inhóspito pasillo del vestíbulo.

Pulsó por segunda vez el botón del último piso.

—Lo que faltaba —farfulló apoyándose en la pared de madera, más abatido aún—. Es lo que me faltaba.

El ascensor estaba averiado. Otra vez.

Decididamente, era un día terrible.

La ropa se le secó en el piso 12, y, para cuando alcanzó el 18, se le había mojado de nuevo, pero esta vez de sudor.

Al llegar al piso 19, vio que la señorita Cole aún no había recogido la botella que el lechero había dejado en el descansillo. Eso le dio una idea. Will, molesto por la avería del ascensor, decidió que había llegado la hora de vengarse por tantos años de insoportables efluvios de manzanilla. Destapó la botella y la colocó en la puerta, inclinada. Llamó al timbre, y se alejó justo cuando la señorita Cole abría la puerta y pisaba un reguero de leche.

Continuó subiendo hasta el piso 29, donde el rascacielos se estrechaba bajo la punta de un enorme pararrayos negro. Estaba frente a la entrada de su casa.

«Willard Moogley», rezaba la placa de latón, dramáticamente ladeada, que había clavado en la puerta.

Will, a punto de desfallecer, se golpeó la frente con la madera. Permaneció apoyado con la cabeza contra la puer-

ta, y empezó a hurgarse los bolsillos de la cazadora de piel y de los anchos vaqueros, en busca de las llaves. Las encontró tras revolverlo todo: monedas, chicles sin abrir, chicles masticados, bolas de goma, navajas suizas originales, billetes de metro, puntas dc lápices, cojinetes de una antigua lavadora y, cómo no, el botón de encendido de la fotocopiadora del colegio, desaparecido aquella mañana, razón por la cual la profesora Schulz había tenido que renunciar a ponerles el examen de ciencias.

Will asió el llavero en forma de calavera, hizo girar la llave en la cerradura y separó la cabeza de la puerta un instante antes de que ésta se abriera.

—¡Eh! ¡Ya estoy aquí! —balbució al traspasar el umbral, y cerró la puerta tras de sí con un ágil golpe de tacón.

—¡Y a mí qué! ¡Y a mí qué! —gritó como respuesta una voz vagamente femenina, desde la habitación de al lado.

Will se quitó la cazadora y la lanzó sobre el perchero en forma de jirafa, buscó el interruptor en la pared, y una luz débil e intermitente bañó la grisura circundante. El interior de la casa de los Moogley rebosaba de objetos. Junto al perchero, había unas sillas bajas y redondas, sobre las que yacían abandonadas generaciones de camisetas de colores. También había una gran librería, con estanterías que llegaban hasta el techo, y en el centro del mismo oscilaba una inquietante lámpara de hojas de cobre entrelazadas. El techo era altísimo, tanto que Will, aunque se subiera al último peldaño de su única escalera de mano, no lograba cambiar las bombillas fundidas de la lámpara.

La estancia contigua, por la cual el chico transitó con la mirada turbia, era un salón enorme, presidido por un gran sofá de piel negra y cuarteada; dos sillones gemelos colocados a ambos lados de la majestuosa Espiritelevisión; un reloj de péndulo, de madera, situado junto a la ventana; un baúl panzudo cubierto de tachuelas; un *gong* chino de considerables dimensiones y los cables de la consola de videojuegos, enredados por todas partes sobre la alfombra.

Un halcón disecado montaba guardia junto a una de las dos puertas del salón. Al otro lado, después de pasar ante un mueble sobrio, de madera oscura, sobre el que se apilaban más de treinta cajas usadas de pizza a domicilio, estaba la cocina. Y, en el centro de la cocina, apoyado en un viejo pie de plata, estaba Callatú, el loro de Will, frotándose un ala.

—¿Y a mí qué? —exclamó el animal en cuanto vio a su dueño.

Will buscó el tendedero con las camisetas negras lavadas,

cogió una cualquiera y se quitó la que llevaba, húmeda tras aquella mañana horrenda. Se cambió rápido, sólo mostró un instante su piel, pecosa sobre las huesudas costillas, y el estómago plano y muy blanco, que jamás había visto un rayo de sol.

Lanzó la camiseta sucia sobre el loro, y éste la esquivó con un movimiento bien ensayado.

Will abrió la panzuda nevera accionando un tirador similar a un freno de mano, y echó un vistazo a sus últimas provisiones.

A través de la ventana, se oyeron truenos, la lluvia fina se intensificó y empezó a golpear con fuerza.

—Lo que faltaba —se lamentó Will.

Y, para colmo, se le había acabado su crema preferida de triple chocolate Choco Smash.

La nevera era una gélida extensión desolada.

—¡Callatú tiene hambre! ¡Callatú tiene hambre! —gritó el pájaro detrás de él, abriendo sus alas verdes y amarillas.

—¡Y a mí qué! —replicó Will, y volvió al salón.

Se abandonó a una especie de respiración entrecortada en su sillón desvencijado preferido, y ocultó el rostro entre las manos. Qué día tan terrible.

Permaneció inmóvil durante varios minutos, o tal vez

una infinidad de tiempo, no habría sabido decirlo. Luego el timbre emitió un quejido, y alzó su rostro enjuto.

«¿Qué más puede ocurrir?», se preguntó, aterrorizado.

Podía ser un cliente de la Agencia, o uno de esos aburridos asistentes sociales que, periódicamente, lo visitaban para hablar con sus padres. Willard Moogley nunca había tenido padres; era huérfano, y vivía solo en aquella casa porque había aceptado hacerse cargo de la Agencia de Fantasmas de su tío Alvin.

El timbrazo se repitió, y Will se levantó con esfuerzo del sillón. Pasó por delante de un espejo enmarcado en ébano, se miró y se peinó apresuradamente el flequillo aplastado.

«Quién sabe, puede que sea la encantadora Susan del segundo», se dijo.

Según una opinión generalizada, con un cambio radical en la forma de vestir y un solemne cepillado, Will habría sido un tipo atractivo. Pero seguía siendo muy reacio al tema «mujeres», a menos que la mujer en cuestión fuese la encantadora Susan.

Anduvo de puntillas sobre la alfombra de piel de oso que cubría el suelo de la entrada, alcanzó la mirilla y echó una ojeada poco entusiasta para descubrir quién había ido a molestarle.

Al instante, resopló.

Era su amigo Tupper.

—Ah, eres tú —lo saludó con voz cavernosa.

A pesar de los veintinueve pisos, Tupper parecía estar perfectamente, como una rosa.

—¡Eh, Will! ¿Cómo va el día? —dijo, y, con un gesto mecánico, se ajustó sobre la nariz las gafas rectangulares.

—Un asco total.

Tupper siguió a Will hasta el salón. Mientras el dueño de la casa se tumbaba de nuevo en el sillón, su amigo eligió uno de los extremos del gran sofá de piel cuarteada, tiró encima el periódico que llevaba bajo el brazo y se sentó, mientras trataba de averiguar dónde estaban los *joysticks* de los videojuegos.

—¿Echamos una partida? —propuso.

—Ni muerto.

Entonces Tupper reparó en la cara de funeral de su amigo.

—¿Qué pasa?

—Nada.

—Anda, dímelo.

Tupper se quitó la cazadora de béisbol azul eléctrico, y exhibió su camiseta naranja y verde preferida, comprada en una tienda del Bronx llamada La última playa. Era talla elefante, pero quedaba bien sobre su barriga.

—Venga, suéltalo ya.

—Mira, Tupper... da igual. ¿Sabes qué es, como suele decirse, «un día terrible»? Pues eso: hoy es un día terrible.

Las pupilas avispadas y minúsculas de Tupper rotaron en una especie de salto mortal.

—¡Anda ya! ¡No creo que haya ocurrido nada tan terrible!

Will le lanzó una mirada que pretendía ser de infinita paciencia. También contenía cierta dosis de estupor, porque el optimismo de Tupper era ilimitado. Le gustara o no, Tupper era su amigo más fiel y sincero. Mejor dicho: era su *único* amigo.

—Cada uno tiene lo que merece —comentó, filosófico.

Tupper no se dejó convencer, se tocó las gafas y lo miró con una curiosidad voraz.

—Habla de una vez.

Will resopló y miró en derredor abriendo los brazos.

—Me entran ganas de mandarlo todo al diablo, de cerrar la Agencia y vender este piso enorme.

Tupper se puso rígido. No esperaba una respuesta tan terrible. Se sentó en el borde del sofá, dispuesto a seguir escuchando.

—Cada vez es más difícil trabajar en esta ciudad. Todo son problemas y meteduras de pata. ¡Los fantasmas ya no son como antes! Piensa en el último caso. ¿Parecía un trabajo fácil, no? Se presenta un viejo aburrido que quiere echar del piso de al lado a una pareja loca por la música *dance*. «Nada mejor que un fantasma que los aterrorice y los obligue a huir a marchas forzadas», le digo yo. Y le propongo mi tarifa «espectros en mano». Entonces el viejo empieza a llorarme, a decir que no tiene un dólar, y, al final, llegamos a un acuerdo: primero envío a uno de los fantasmas de la Agencia a asustar a la pareja de bailarines, y luego él me paga cien dólares.

—Buen trato —comentó Tupper ajustándose las gafas.

—Eso es lo que yo creí —repuso Will, y dio un puntapié al baúl cubierto de tachuelas—. Pero luego me puse a pensar qué fantasma podía mandarle. Al final, para ir sobre seguro, llamé a Estruendus el Vándalo.

—¡Sincrotrones! —exclamó Tupper—. ¿Y ése quién es?

—El fantasma de un guerrero medieval —explicó Will mientras sacaba del baúl un informe de papel de seda transparente, escrito con letra apretada, que había que leer a contraluz—. Mira lo que dice su *curriculum mortis*: «El fantasma Estruendus el Vándalo trabaja con una impresionan-

te armadura de batalla y una espada con el filo dentado».
¿No está mal, eh?

—¿Y qué pasó? —preguntó Tupper intuyendo que sur-
gió algún problema.

—Pues pasó que Estruendus... ¡se acabó aficionando a la
música *dance*!

—¡¿En serio?! —dijo Tupper, y parecía que se le fueran a
salir los ojos de sus órbitas.

—En serio. No asustaba a la pareja, y encima conectaba
el equipo de música incluso cuando ellos no estaban, para
ensayar sus piruetas. ¡Vaya con el viejo! Y la cosa no acabó
ahí. Al volver a la Agencia, Estruendus me dijo que, a partir
de ahora, sólo se aparecería en discotecas.

La hoja de papel transparente voló de las manos de Will
y aterrizó en el suelo, donde Tupper la recogió.

—Pues hay que cambiar el *curriculum* —sugirió.

—¿Para qué? —se lamentó Will, y volvió a repantingarse
en el sillón—. Te acabo de decir que voy a cerrar. Se lo dejo
todo a tía Maud y me largo a Hawai, a hacer surf.

Tupper intentó imaginarlo, y estalló en sonoras carcajadas.

—¿Tú? ¿En Hawai? En cuanto vieras un rayo de sol... ¡te
daría algo!

Will no contestó, y se sumió en un profundo silencio.

—¡Dejémonos de viejas historias! —exclamó Tupper frotándose las manos. Guardó el *curriculum* de Estruendus en el baúl de los fantasmas, cogió el periódico que había dejado sobre el sofá y prosiguió—: Todo eso no es más que una tontería comparado con lo que nos espera.

—¿De qué hablas?

Tupper le mostró a su amigo la última edición del *Periódico Espectral*, el periódico oficial de la Federación Internacional de Agencias Mejor Vida. Era el mayor grupo internacional de agencias de empleo para fantasmas, y la Agencia de Fantasmas Moogley formaba parte del mismo desde hacía más de cinco generaciones.

—Seguro que no lo has leído —dijo Tupper.

—No, ni sabía que ya hubiera salido.

La lengua de Tupper asomó entre sus labios durante unos segundos. Luego, el robusto joven le enseñó a su amigo el sorprendente anuncio:

SE INAUGURA EL HOTEL ESCALOFRÍO

La supercadena Scary Inn anuncia su intención de abrir un hotel de gran lujo con fantasmas, para ricachones en busca de experiencias escalofriantes. El lugar elegido es el hotel abando-

nado del castillo de Mercer Applegate, en Long Island, a pocos kilómetros de Nueva York.

Véanse más detalles en el reportaje inferno... perdón, ¡interno!

La reacción de Will fue casi inexistente, cero absoluto.

—¿No te parece fantástico? —exclamó Tupper—. Mira esto: ofrecen un contrato colectivo para un grupo numeroso de fantasmas, al menos ochenta.

—Ya —saltó Will—. Pero ¿a quién podría mandar? ¿Al vándalo más solicitado en las pistas de baile?

—¡No veas lo que pagan! ¡No puedo contar tantos ceros!

—Tupper... Tupper... Esto es algo gordo.

—Exacto, muy gordo. Es la oportunidad que esperabas para sacar a flote la Agencia.

—No lo entiendes —replicó Will desperezándose—. Si es algo tan gordo, eso significa que, como mínimo, nos las tendremos que ver con esos pijos prepotentes de la Agencia Fullerton, y con sus fantasmas superprofesionales y hollywoodienses.

—¿Y qué? ¿Eso te asusta?

Se oyó un trueno, y los cristales de las ventanas temblaron.

—No es que me asuste. Es que no sé... si quiero hacerlo... Además, ese hotel no está en la ciudad, está lejos. Y nos arriesgamos a trabajar mucho para nada.

Tupper volvió a meterse la lengua entre los dientes y se encogió de hombros.

—Es una lástima —dijo cerrando el periódico—, porque el hotel está muy cerca de Spoonville.

—¿Y...? —preguntó Will con gesto indiferente.

—Hace dos años, Spoonville fue nombrada capital mundial del buñuelo. Si pasáramos por allí, podríamos comernos unos cuantos...

En los ojos de Will empezó a brillar cierto interés. Alargó la mano para coger el periódico. Poco a poco, la idea de competir por obtener aquel megacontrato se le fue metiendo en la cabeza, todavía húmeda.

EL BASTÓN
ESPIRITISTA

Will empujaba el carrito del supermercado, y Tupper lo seguía en silencio, aunque habría podido ir delante, pues conocía a la perfección el itinerario que iba a seguir su amigo. Cuando pasaron por la sección de libros, donde destacaban los últimos éxitos de ventas, Tupper se quedó rezagado.

—¡Sincrotrones! —exclamó al ver que había salido la sexta entrega de la saga de Ulysses Moore.

Sólo llevaba un par de dólares arrugados en el bolsillo, pero cogió el libro y, observando la cubierta delantera, intentó adivinar qué golpe de efecto final habrían prometido en la contracubierta.

—Ya... —murmuró Tupper. Dejó el libro y corrió tras su amigo, que iba directo a la sección de repostería.

Al verse rodeado de filas y más filas de galletas, cremas y

pasteles, Willard Moogley se detuvo y miró a su alrededor, contrariado.

—¿Por qué demonios cambian las cosas de sitio?

Tupper lo alcanzó a grandes pasos.

—¡Necesitamos un golpe de efecto! —exclamó.

—¿Has visto las Choco Smash? —preguntó Will mientras se le acercaba arrugando la nariz.

—¿Has oído lo que te he dicho?

—Sí, Tupper, sí...

—Si queremos impresionar a los de Scary Inn, tenemos que idear un plan. No podemos presentarnos allí sin más, porque los de la Fullerton son mucho mejores que nosotros en ese aspecto. Para conseguir un buen golpe de efecto... —Tupper se colocó bien las gafas—. ¿Will, me estás escuchando?

—Claro que sí... ¡Ah, aquí están!

El director de la Agencia de Fantasmas Willard Moogley arrastró los pies hasta la estantería de cremas Choco Smash. Mientras consideraba la situación, vació todo el contenido de la estantería en su carrito.

Tupper se situó tras él, con el ceño fruncido. Luego se cruzó de brazos.

—¿Eh, qué pasa? —preguntó Will al ver que su amigo no se movía.

—Pasa que sólo te interesa la crema de triple chocolate.

—Mira quién habla...

—No has escuchado una palabra de lo que te he dicho.

—Eso no es cierto. Te he oído perfectamente: un golpe... por sorpresa —respondió Will al tiempo que intentaba empujar el carrito rebosante de Choco Smash.

—Exacto. Y ¿qué te parece? —inquirió Tupper, radiante.

Will sonrió, y sus ojos verdes, luminosos y profundos brillaron. Esos ojos habían cautivado a tío Alvin en el momento de decidir quién debía sucederle en la Agencia. Unos ojos que veían cosas que los demás no podían ver, fantasmas incluidos.

—Es una gran idea, Tupper. Pero, para conseguir un buen golpe de efecto, necesitamos un plan. Quiero decir... no podemos ir allí y presentarnos sin más, sobre todo porque, en eso, los de la Fullerton nos superan de todas todas. No es que quiera criticar tu camiseta, Tupper, pero... ya sabes lo que quiero decir.

—Eso mismo pensaba yo... —balbució su amigo.

—¿Por qué no lo llevas un rato? —propuso Will, y le cedió el puesto detrás del pesado carrito. Luego añadió—: Y ahora vamos a pensar en lo que debemos hacer.

—De acuerdo.

* * *

Por fin había dejado de llover. Las aceras de Nueva York brillaban de humedad. El aire intenso se mezclaba con los vapores procedentes de las alcantarillas y de los puestos de rosquillas calientes situados en las esquinas. Willard y Tupper andaban despacio, cargando trabajosamente con diez bolsas llenas de tarrinas de crema de chocolate.

En realidad, sería más exacto decir que Tupper cargaba trabajosamente con diez bolsas llenas de tarrinas de crema de chocolate, mientras Will se limitaba a andar despacio.

—Se me acaba de ocurrir una idea —dijo.

—Uf... buf... ¿Cuál? —jadeó Tupper.

—¡Una aparición en masa!

—¿Una aparición en masa? —dijo Tupper, y dejó las bolsas en el suelo.

—¡Exacto! —confirmó Will, y abrió las manos como si sujetara un invisible balón entre ellas—. Imagina la escena: empezamos a hablar tranquilamente con los ricachones y, cuando nos pregunten qué sabemos hacer... ¡Zas! Hacemos que se aparezcan detrás de nosotros cien fantasmas. El paquete al completo. ¿Qué te parece?

—¡Sincrotrones! ¡Sería genial! —aprobó Tupper.

—Una aparición en masa: ése es el plan.

Prosiguieron su marcha, esta vez más rápido. Will había recuperado parte de su buen humor.

—Oye —dijo Tupper con andar vacilante—, ¿es algo... difícil? Quiero decir: ¿lo sabremos hacer?

—No, ni idea.

—¿Y cómo vamos a...?

—Pues debemos aprender a hacerlo —concluyó Will, y se detuvo ante el portal de su viejo rascacielos. Se quedó mirando las bolsas de Tupper—: Espera, te ayudo. Dame una.

Tupper apretó los dientes y le pasó una bolsa sin soltar las otras.

—Gracias. ¿Y cómo... buf... vamos a aprender?

Will meditó antes de responder:

—En casa debo tener por alguna parte los libros de fantasmología de mi antepasado Athanasius Moogley. Seguro que explican cómo hacerlo, porque en esos libros está todo lo relacionado con los fantasmas.

El ascensor seguía averiado, y tuvieron que bajar al sótano de Will para dejar allí las reservas de Choco Smash. El sótano estaba al final de un pasillo oscuro, por el que pasaban ruidosas tuberías de metal. Will utilizó un manojo de llaves enorme para abrir la puerta. Encendió la luz, y una tenue claridad rojiza iluminó un inmenso aparato subterráneo

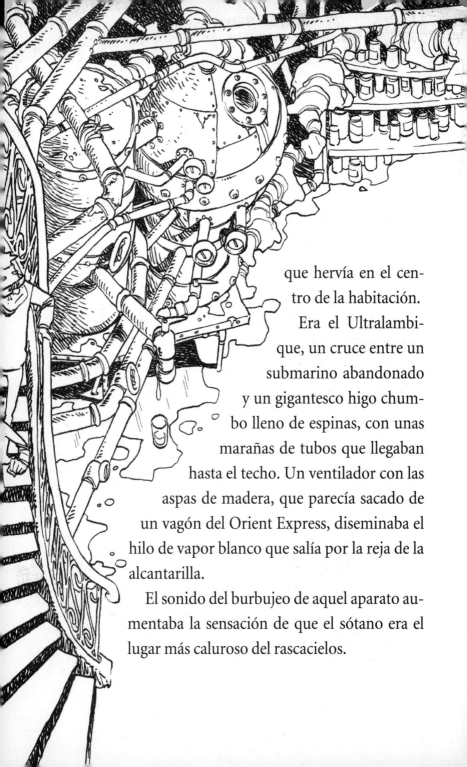

que hervía en el centro de la habitación.

Era el Ultralambique, un cruce entre un submarino abandonado y un gigantesco higo chumbo lleno de espinas, con unas marañas de tubos que llegaban hasta el techo. Un ventilador con las aspas de madera, que parecía sacado de un vagón del Orient Express, diseminaba el hilo de vapor blanco que salía por la reja de la alcantarilla.

El sonido del burbujeo de aquel aparato aumentaba la sensación de que el sótano era el lugar más caluroso del rascacielos.

Will aprovechó que estaban allí para comprobar los indicadores del misterioso Ultralambique.

—Un par de días, y el ectoplasma estará listo —comentó, satisfecho.

Otra buena noticia. Poseer una buena reserva de ectoplasma era la única forma de tener contentos a los fantasmas de la Agencia. Esa exquisita sustancia siempre ha hecho las delicias de los fantasmas. Según dicen, el ectoplasma Moogley, cuya receta se ha transmitido de generación en generación, es el mejor ectoplasma para los fantasmas que vagan por el Nuevo Mundo.

Tupper entró en el sótano tambaleándose.

—Buf... buf... ¿Dónde pongo todo esto?

—Déjalo ahí, encima de los tarros caducados de pepinillos.

Abandonaron el sótano y empezaron a subir la escalera, hasta el piso 29. Mientras subían, hablaron de cómo organizar la aparición en masa, y de qué fantasmas elegirían, siempre y cuando lograsen encontrar las instrucciones para llevar a cabo su plan.

Una vez en casa, Callatú los recibió con su saludo habitual. Ambos amigos se dirigieron a la biblioteca.

—¡Pongámonos a trabajar, Tupper!

Pero, al abrir la puerta, empezaron a toser a causa del polvo que lo cubría todo. Will corrió a la ventana con la intención de abrirla, pero, tras un intento por eliminar el desorden y la mugre incrustada desde hacía décadas, desistió. Se limitó a correr las pesadas cortinas bordadas y a dejar pasar algo de luz.

Los chicos estaban rodeados de estanterías de caoba negra, repletas de volúmenes con lomos de cuero rojo y cenefas doradas. Delante de los libros, yacían varios objetos abandonados: jarritas orientales; un colmillo de elefante; una fotografía en blanco y negro de un antepasado de Moogley, con fantasma incluido; conchas de formas monstruosas; extrañas figuras coloniales. Al igual que en el resto de habitaciones, los espejos estaban cubiertos con telas oscuras.

—¿Por dónde empezamos? —preguntó Tupper, y se ajustó las gafas—. Quiero decir: ¿cómo son los libros de fantasmología que buscamos?

Will apoyó las manos en las caderas y miró en derredor.

—Déjame pensar... hace siglos que no los veo... Creo que

son seis tomos gordos, sin demasiados adornos en las tapas. Si no me equivoco, en la cubierta hay un medallón plateado con el retrato de Athanasius Moogley. Un retrato muy inquietante, si no recuerdo mal.

Ambos se pusieron manos a la obra. Tupper se divertía mucho deslizando la escalera por la guía situada en lo alto de las estanterías. Will le iba dando órdenes, apoyado en un gran mapamundi de madera, como si fuera un antiguo capitán de navío.

—¡Mira allí arriba!

—Título absurdo.

—¿Y más abajo, ese libro rojo?

—Título absurdo.

Cada vez, Will se pellizcaba el labio inferior con el índice y el pulgar, echaba hacia atrás el negro cabello y contemplaba de nuevo los miles de volúmenes de la biblioteca familiar. De vez en cuando, Tupper tomaba la iniciativa, pero el resultado final siempre era el mismo:

—¡Título absurdo!

—Déjalo. Eso es cosa de tío Alvin.

Al cabo de una hora larga, cuando la noche empezaba a caer al otro lado de las ventanas, aún no habían encontrado nada.

—Quizá debamos pensar en otro plan —sugirió Tupper, desanimado. Tenía las manos y la punta de la nariz grises, llenas de polvo, y las uñas completamente negras.

Will denegó con la cabeza:

—Tienen que estar aquí, estoy seguro. —Luego, en un instante, le vino el recuerdo—: ¡Ya lo tengo!

Tupper había aprendido a temer los optimistas «ya lo tengo» de su amigo. Se sentó en lo alto de la escalera de la librería, con las piernas colgando, y preguntó:

—¿Recuerdas dónde están?

—¡En el sofá! —respondió Will, y salió disparado de la habitación.

—¿En el sofá? ¿Qué quieres decir? —preguntó Tupper, pero se había quedado solo en el último peldaño de la escalera.

Cuando alcanzó a su pálido amigo, Tupper vio que Will había retirado dos de los enormes almohadones cuarteados del gran sofá del salón, y que luchaba con la cremallera de la funda que cubría el relleno.

—Ah, entonces iba en serio. Querías decir... ¡*dentro* del sofá! —comentó Tupper, sorprendido.

Will tiró al suelo un tercer almohadón.

—Los puse aquí, porque fue lo más rígido que encontré para mantener derecho el respaldo cuando tú te sientas.

—¡Bah! Tu sofá siempre ha sido muy incómodo.

—Pues ahora ya sabes por qué. ¡Anda, échame una mano, Tupper!

Los dos trabajaron con energía, y, por fin, consiguieron sacar de entre los muelles del viejo sofá seis libros antiguos y muy rígidos, en cuyas seis cubiertas podía verse un grotesco retrato de Athanasius. Un hombre con las cejas pobladas, una mirada más que inquietante y los labios apretados en una mueca de concentración.

—¡Qué horror! —exclamó Tupper frunciendo el ceño.

—Ya —admitió Will—. Puede que metiera los libros dentro de los almohadones para no ver esa cara. Pero, ahora, ¡ha llegado el momento, Athanasius!

Alineó sobre la alfombra los seis tomos que componían la obra:

Atajo al patíbulo
o
Cómo tratar con fantasmas vengativos

Cabeza de fantasma
o
Fantasmas testarudos y obsesivos

Fantasmas de pacotilla
o
Fantasmas rechazados por los fantasmas

Mentiras de Ultratumba
o
Cómo reconocer a los cuentamentiras evocados

Ha desaparecido mi mesilla de noche
o
Guía de los objetos fantasma

¡Te lo dice Athanasius!
o
Trucos del oficio

Tupper abrió uno de los libros y, acto seguido, lo cerró, asustado. Las páginas incluían miles de letras, números, dibujos, frases y capítulos escritos en renglones seguidos, sin interrupción.

—¿No hay un índice? —murmuró, aterrorizado.

—No tengo ni idea —respondió Will—. Pensemos un poco. No se puede hacer una aparición en masa con fantasmas vengativos.

Y así descartó el primer volumen.

—¿Y ésos quiénes son? —preguntó Tupper, y, al levantar un poco la tapa, vio el terrorífico dibujo de un fantasma gritando.

—Son los fantasmas de personas asesinadas. Permanecen en el lugar del crimen e intentan vengarse. Es muy difícil tratar con ellos, incluso a través de una Agencia —explicó Will—. Tampoco se pueden hacer apariciones en masa con los cuentamentiras. Ahí hay instrucciones para médiums y espiritistas: mesas de tres patas, tablas con letras...

Y el cuarto volumen salió volando hacia el centro de la habitación.

Una rápida ojeada a los otros libros bastó para descartar a los «testarudos», unos fantasmas que repiten obsesivamente secuencias de acciones, a los objetos y animales fantasma, y también a los aburridos fantasmas rechazados por sus semejantes.

Sólo les faltaba abrir el libro *¡Te lo dice Athanasius! o Trucos del oficio* en busca de instrucciones para convocar la dichosa aparición en masa.

—«Cómo aparecerse en una cesta de huevos» —leyó Tupper—. «Buenas maneras fantasmas: aunque hayan pasado a mejor vida, es importante que sepan usar los cubiertos.»

—No es eso —masculló su amigo, y siguió pasando rápido las páginas, que no seguían un orden lógico.

No estaban numeradas, y los capítulos no iban en orden alfabético. El antepasado de Will había escrito el libro de forma caótica, como una recopilación de ideas seleccionadas a su capricho. Era de esperar: el desorden incontrolado era muy típico de los Moogley. Una característica que Willard, el último de la dinastía, aprendió a valorar cuando tío Alvin lo adoptó, y que había elevado a la enésima potencia desde que empezó a vivir solo en el piso-oficina de la Agencia, tras la muerte de su tío.

Los chicos hojeaban el libro a gran velocidad: «Cómo agrandar un fantasma. Cómo reducirlo para meterlo en el bolsillo. Instrucciones para lavar un fantasma maloliente. Renovar el vestuario de un espíritu. Modificar la voz de una aparición».

—¡Espera! —gritó Tupper de repente.

—¿Qué pasa? —preguntó Will, sorprendido—. ¿Te interesa el truco para conseguir que un fantasma baile las danzas tradicionales de Hungría?

—La primera página.

Su amigo volvió atrás y leyó: «Apariciones en masa. Cómo lograr que se aparezcan mil fantasmas en el mismo lugar».

—¡Bravo, Tupper! —lo felicitó Will, a quien se le había pasado por alto aquel título.

El artículo de su antepasado era breve, lo cual significaba que ese tema le interesaba mucho menos que el truco del resbalón con una piel de plátano fantasma, que ocupaba gran parte de la página.

—¿Qué dice? ¿Qué dice? —preguntó Tupper, impaciente, por encima del hombro de su amigo.

—Mmm... mmm... —El largo dedo de Will acarició las escasas líneas de explicación, y luego cerró el libro de golpe—. ¡Es muy fácil! Sólo necesitamos los dos bastones espiritistas.

El esbelto joven se desentumeció los músculos y se puso en pie.

—Ah —dijo Tupper, aún de rodillas sobre la alfombra, entre los tomos de fantasmología y los cables enredados de la consola—. ¿Y qué son esos bastones espiritistas?

—¿Los bastones espiritistas? ¡Y yo qué sé!

—Y entonces... ¿qué piensas hacer?

—No sé, no sé. No tengo ni la más mínima idea. —Will miró a su alrededor—. Tenemos que preguntarle a tío Alvin.

Evocar a tío Alvin

Como tío Alvin estaba muerto, la única forma de preguntarle algo era evocarlo. Y, para hacerlo, había que seguir minuciosamente las instrucciones de una buena evocación. Will ya estaba acostumbrado a llamar fantasmas, pero, para Tupper, siempre era una experiencia electrizante, sobre todo durante los preparativos. En primer lugar, hicieron sitio en el salón, para lo cual apartaron a un lado la Espiritelevisión y los sillones, y colocaron de nuevo en el sofá los almohadones de piel cuarteada. Luego fueron a la biblioteca, cogieron dos espejos cubiertos con telas y los pusieron en el suelo del salón, uno frente a otro.

—Ahora necesitamos un objeto de mi tío para convocar la energía psíquica de nuestra llamada —observó Will, y señaló a Tupper la puerta del dormitorio de tío Alvin—. Ve

a coger su reloj preferido. Debe estar sobre el mármol de la cómoda.

—¡Voy!

Tupper corrió a la habitación, encendió la luz y miró a su alrededor con cierto temor reverente. El dormitorio del difunto tío Alvin era un lugar majestuoso, presidido por una gran cama con dosel de madera, de estilo napoleónico, con un escudo sobre el cual había una gran F grabada. Alvin Moogley la había comprado muy barata en una subasta benéfica, con la idea de sustituir la inicial, pero, debido al lema de la familia, «Ya lo haré mañana», nunca llegó a cambiarla.

Bajo la cama hibernaba una tortuga de tierra que, al notar la presencia del joven, ocultó la cabeza.

—¡Hola, Centella! —rió Tupper al verla.

Él y Will habían pasado una semana buscándola por todas partes, y, al final, desistieron, convencidos de que la tortuga había abandonado el piso o había pasado a mejor vida, lo mismo que su gemelo fantasma, la tortuga macho Rayo.

—¡Date prisa, Tupper! —pidió Will desde el salón.

El acneico joven observó la habitación. A los pies de la cama con dosel, tras la piel de león que cubría el suelo, había una cómoda panzuda, con tiradores de latón en los cajones. En la superficie, de mármol negro veteado de blanco, se apoyaba un espejo cubierto con encaje negro. También había otros objetos, entre los que destacaba un valioso cronógrafo automático con la correa de oro y la caja de marfil. Tupper lo cogió y regresó junto a su amigo.

—Ya está —dijo tendiéndole el reloj.

—¿Qué es esto?

—El reloj preferido de tu tío. Has dicho que estaba sobre la cómoda...

—¡No es éste! —protestó Will—. El reloj preferido de tío Alvin es de plástico rosa, con las manecillas en forma de cerdito.

Will fue a buscarlo al dormitorio de su tío, regresó al salón y lo colocó en el suelo, entre los dos espejos. Entonces se volvió de espaldas y le dijo a Tupper que hiciera lo mismo.

—A la de tres, levanta la tela —dijo—. ¡Uno... dos... tres! ¡TÍO ALVIN, NECESITAMOS TU AYUDA!

No ocurrió absolutamente nada.

—¿Esto cómo funciona? —preguntó Tupper mirando uno de los espejos.

—Es fácil. Un espejo refleja la imagen del reloj en el otro, y éste la refleja en el primero, que a su vez la refleja en el segundo, que a su vez la refleja en el primero, que a su vez la refleja en el segundo. Y así sucesivamente, ¿comprendes?

Tupper se dio con la mano en la frente.

—¡Es verdad! —dijo—. Siempre se me olvida.

—Ahora sólo nos queda una cosa por hacer —susurró Will en tono misterioso.

—¡Oh, no! —exclamó Tupper recordando de improviso.

—Sí, amigo mío. Tenemos que tocar el gran Gong Atronador. ¿Estás listo?

—Pero ¿por qué yo? —se lamentó Tupper, aunque ya se había quitado las gafas.

Will lo abrazó fraternalmente, y lo condujo hasta el gigantesco *gong* que presidía una de las paredes del salón.

—Porque sólo tú eres capaz de lograr que funcione...

Tupper se mordió el labio, sin saber si debía sentirse orgulloso de la afirmación de su amigo. Y es que tocar el Gong Atronador era una operación muy peculiar.

El disco de metal, situado muy cerca de la pared, se hallaba colgado de dos cadenas que sujetaban dos dragones chinos con la boca. Iba decorado con elegantes inscripciones chinas. Como nadie las comprendía, un día Will le pidió a un fantasma de Pekín que las tradujera. Las inscripciones decían:

Complejo turístico
El Dragón de Oro.

Bienvenidos al paraíso del relax,
éste es el gong número seis.

A partir de ese momento, Will dejó de considerar el *gong* una antigüedad, y le gastó a Tupper una broma que había repetido en varias ocasiones. Cada vez se decía que ésa sería la última, pero luego seguía con lo mismo. Will ocultó la maza para tocar el Gong Atronador, y convenció a su amigo de que la única forma de hacerlo sonar era tomar carrerilla y golpearlo con un cabezazo.

—Ánimo, Tupper —lo incitó.

Tupper suspiró, se masajeó la cabeza, tomó carrerilla y se lanzó de cabeza contra el *gong*. Produjo un ruido terrible, que hizo vibrar todos los cristales del piso.

Will se agazapó en un rincón para poder reírse sin que su amigo lo viera. Cuando Tupper, medio atontado, se levantó de la alfombra, Will recuperó su expresión seria y dijo:

—Lo has hecho muy bien.

Luego se colocó delante de Janua, el viejo reloj de péndulo por donde se pasaba del mundo de los vivos al mundo

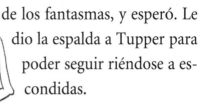

de los fantasmas, y esperó. Le dio la espalda a Tupper para poder seguir riéndose a escondidas.

—Tío Alvin estará aquí dentro de un momento.

Al cabo de unos instantes, la caja del reloj emitió un sonido de pasos lejanos, tras lo cual se abrió desde dentro. Will vio una mano pálida, luego, un brazo y, por último, el fantasma entero de su tío.

Tío Alvin estaba en buena forma. Era el fantasma de un hombre alto y delgado, con una camisa hawaiana, chillona pero transparente. Se quitó las gafas de sol y exclamó:

—¡Sobrino!

—¡Hola, tío!

—Me alegro de verte.

—Lo mismo digo.

Les resultó difícil abrazarse, ya que tío Alvin, al tender sus brazos, pasó a través de Will y salió por detrás de él.

—¡Eh, Tupper! —saludó el fantasma.

—Buenas tardes, señor Moogley —contestó Tupper masajeándose la cabeza.

El fantasma sonrió por debajo del bigote y le susurró a Will:

—No me digas que le has hecho dar otro cabezazo contra el *gong*...

Su sobrino lanzó una carcajada, y tío Alvin sacudió la cabeza.

—Eres un auténtico Moogley, chico —dijo, y se frotó las manos enérgicamente—. ¿Se puede saber para qué me has llamado esta vez? Estaba tomando el sol en la playa y... Hablando de sol, ¿me ves moreno?

Estaba tan blanco como siempre, pero Will y Tupper sabían que el viejo Moogley anhelaba ser el primer fantasma bronceado de la historia, y por eso le siguieron la corriente. Dijeron que sí, que empezaban a verse los resultados.

Tío Alvin se sintió profundamente halagado. Y cuando Will le dijo que irían al hotel de cinco estrellas de la cadena Scary Inn a hacer la prueba de la aparición, se sintió aún más satisfecho.

—Yo ya dije que este chico tenía olfato para los negocios —le comentó a Tupper señalando a su sobrino—. No como mi vieja hermana, que no se entera. Por cierto, ¿ella lo sabe?

—No creo —respondió Will—. La noticia la publicó el *Periódico Espectral*, y no creo que se lo envíen a tía Maud.

—Mejor para ti, porque bastante trabajo tendrás compitiendo con la Agencia Fullerton.

—Ése es el problema. Verás, tío, se nos ha ocurrido una idea... —El chico expuso brevemente su plan, y concluyó—: Es decir, la pregunta es: ¿qué demonios son los bastones espiritistas?

Tío Alvin empezó a pasear por la habitación.

—¿Bastones espiritistas? A ver, déjame pensar...

Tupper observó cómo vagaba por la casa el fantasma de tío Alvin; atravesaba los muebles que habían cambiado de lugar tras su muerte como si no existieran, y, en cambio, se apoyaba en los que recordaba bien, como si aún fuera de carne y hueso.

—Una vez —prosiguió Alvin—, yo también organicé una aparición por sorpresa. Fue en la fiesta de cumpleaños del viejo Roth. Por cierto, no olvides felicitarlo: creo que su muerteaños es dentro de poco.

—Muy bien, veintidós de noviembre —anotó Will—. Memorizado. Y ahora háblanos de los bastones.

—Si no me equivoco —susurró el fantasma, que casi había desaparecido dentro del sillón—, deberían estar en el desván.

—Ah —murmuró Will; tragó saliva y miró a Tupper.

—¿Tienes las llaves? —preguntó Alvin a su sobrino.

Will mostró su llavero gigante, que contenía las llaves de gran parte de las casas con fantasmas de Nueva York.

—Por supuesto, tío.

La buhardilla del rascacielos de los Moogley parecía el desván de un viejo castillo escocés. Pilas de muebles dispares, muñecas de porcelana con la mirada fija en el vacío, montones de zapatos deformados, gramófonos cubiertos de telarañas, polvorientos uniformes de quién sabe cuántas guerras...

Adentrarse en aquel desván no resultó fácil; la silueta incorpórea de tío Alvin pasaba directamente *a través de* los objetos, pero los chicos debían esquivar animales disecados, máscaras africanas, tótems, lámparas de arco y millones de trastos. Una claraboya filtraba las sombras crepusculares que se ceñían sobre Central Park.

Tío Alvin se detuvo en uno de los rincones más caóticos del desván, y les pidió a los chicos que abriesen un par de baúles. Del primero salió un muñeco con resorte, que hizo gritar y caer al suelo a Tupper. Del segundo, miles de abanicos y sombrillas, y también dos bastones de madera.

Tío Alvin los observó un instante y dijo:

—¡Sí, son éstos!

Will cogió los bastones y los levantó despacio.

—Los bastones espiritistas —murmuró, como si recitase una fórmula mágica.

Luego se volvió hacia Tupper, que se había quedado enredado en un toldo blanco del que no conseguía librarse.

—¡Los hemos encontrado, Tupper! ¡Comienza el plan Gran Hotel de los Fantasmas!

El intachable Fullerton

De repente, se abrió la puerta de la oficina, y apareció un joven alto, rubio y atlético, que vestía una elegante chaqueta de suave cachemira color tostado. Era Adam J. Fullerton III, vástago de la familia que dirigía la Agencia de Fantasmas más lujosa de Norteamérica.

Dirk McBride, su secretario personal, se puso en pie y fue a saludar a su jefe.

—¡Buenos días, señor Fullerton!

El secretario era un hombrecillo que recordaba vagamente a un roedor, cuyos ojos diminutos y penetrantes brillaban tras unas gafas de estilo futurista.

El elegante joven se arregló el nudo de la corbata y le lanzó una ojeada distraída.

—Buenos días, querido McBride. ¿Qué tal va la mañana?

—preguntó mirándose en los relucientes espejos que decoraban la habitación.

—Le confieso, señor Fullerton, que nunca había visto a nadie presentarse tan radiante... a la hora del desayuno.

El rubio magnate de los fantasmas rió, complacido.

—Eso es gracias a mi programa especial: cuarenta y cinco minutos de *footing* y veinticinco de hidromasaje con algas japonesas *antes* de desayunar.

—Es algo sensacional, señor Fullerton —comentó el secretario, servil.

Tras dar unos últimos toques a su corbata, el joven se sentó a una mesa servida con todo lujo de detalles para el desayuno. Golpeó varias veces el azucarero con un cuchillo de plata, a modo de campanilla, y, tras unos segundos, apareció un mayordomo llevando una bandeja con una humeante taza de té.

Cuando se la sirvió, Fullerton miró la taza como si contuviera excrementos de paloma.

—¡¿Philbert?! —saltó, irritado, dirigiéndose al mayordomo—. ¿Recuerdas cuáles fueron mis órdenes para el té de las mañanas?

—Sí, señor —se apresuró a contestar el mayordomo, que había palidecido de golpe—. Quince centilitros exactos de agua hirviendo, sumergir una cucharadita de té de Ceilán de hoja corta durante tres minutos y, por último, doce gotas de leche, señor.

—¡Exacto! ¡*Doce gotas* de leche! ¡Mira esta porquería blanca! —protestó Fullerton—. ¡Al menos debe haber quince o dieciséis gotas de leche! ¡Esto es inadmisible, Philbert!

—Le pido disculpas, señor, no sé cómo ha podido suceder —se excusó el mayordomo—. Le prepararé personalmente otra taza de té siguiendo sus instrucciones.

—¡Más le vale! —lo despidió el joven.

Cuando el mayordomo salió de la oficina, Fullerton se dirigió a su secretario.

—¿McBride? Pregunta al servicio, descubre quién me ha preparado ese té inaceptable y échale una buena bronca. No soporto ciertos errores de precisión...

—Así lo haré, señor Fullerton —repuso el secretario.

—Bien. Ahora veamos las actividades de hoy. ¿Qué tenemos en la agenda, McBride?

—El día está enteramente dedicado al asunto Scary Inn.

—Ah sí, el Hotel del Escalofrío que quieren abrir en ese lugar horrible...

—En Spoonville, señor Fullerton.

—Eso, donde sea... Desde luego, McBride, es un trabajo perfecto para nosotros: ¡llenar un hotel de lujo de fantasmas de lujo!

—Tiene razón, señor Fullerton. Scary Inn quiere una aparición de fantasmas hecha con mucho estilo, espectros con clase que vaguen sin cesar, para que los clientes del hotel vivan experiencias escalofriantes durante su estancia.

El mayordomo llegó jadeando con la taza de té, preparada según las férreas indicaciones de Fullerton, y éste se apoyó en el mullido respaldo de su asiento con aire soberbio.

—Seguro que ya tienes alguna idea en mente, querido McBride...

El menudo secretario tosió, y adoptó una expresión complacida.

—Pues sí, he pensado en algo para impresionar a los directivos de Scary Inn.

—Te escucho —lo incitó el joven mientras sorbía el té.

McBride cogió rápidamente un pequeño mando a distancia y pulsó un botón rojo. Los paneles de un lujoso mueble de caoba se abrieron, descubriendo una pantalla ultraplana de alta definición. El secretario pulsó otro botón, y vieron en pantalla la imagen de un impresionante grupo de fantasmas en frac, todos ellos con espectrales instrumentos de música.

—Para la sala de baile, he pensado en la presencia fija de la Astoria Ghost Orchestra —explicó en un tono muy profesional.

—Oh, la orquesta que se ahogó en aguas del Pacífico junto con el transatlántico *Astoria* —comentó Fullerton.

—Exacto. En cualquier momento, pueden aparecerse y aterrorizar a los clientes del hotel con sus gélidas melodías.

—¡Una idea excelente! Sigamos.

McBride pulsó otro botón del mando a distancia, y vieron en pantalla la imagen de un chef fantasma. Sólo que su cabeza, con gorro de cocinero incluido, estaba colocada sobre la bandeja que sostenía entre las manos.

—Para el comedor... Éste es Fanfaluc, ¡el gran chef parisino!

—Creo recordar que el conde Marcel le cortó la cabeza cuando vio la cuenta de la cena.

—Sí, exacto. Es perfecto para provocar escalofríos durante las comidas.

—Genial. Sigamos, McBride.

Tras pulsar otro botón, la imagen de la pantalla cambió de nuevo. Ahora se veía a un fantasma con ropas del siglo XIX, muy elegante y con una mirada pícara.

—Para las señoras del hotel, he pensado en el poder de seducción del duque de Sloppingham, un viejo noble inglés.

—¡Ideal! ¡Nadie sabe fingir que *muere* de amor tan bien como él!

—Y, por último, he pensado que unos setenta fantasmas pueden hacer de figurantes en temporada alta.

Fullerton, inquieto, tragó el último sorbo de té, se puso en pie y echó a andar a grandes zancadas por la habitación.

—A ver, McBride, has hecho un buen trabajo, un *magnífico* trabajo, pero...

Al oír aquel «pero», el secretario palideció al instante.

—Pero... creo que aún falta un toque... Falta algo espectacular, algo con el sello inconfundible de la Agencia Fullerton...

Tras decir esas palabras, el joven se detuvo de pronto en mitad de la oficina.

—¡Ya lo tengo! —exclamó, y se dio con la mano en la frente—. ¡Cómo no se me había ocurrido antes! ¡Rebecca!

—¿La Princesa Gris de los Espectros? —inquirió su secretario con gran alivio.

—La misma. Con su figura altiva y majestuosa, se aparecerá en la suite imperial...

—¡Gran idea, señor Fullerton!

—Con Rebecca —dijo con aire triunfante—, ¡nuestra oferta a Scary Inn será inigualable!

—Como siempre, tiene usted razón, señor Fullerton —repuso McBride, obsequioso.

El joven director de la Agencia soltó una carcajada rebosante de complacencia y seguridad.

—Muy bien, McBride, tú ocúpate de los detalles. Después de tanto trabajo, creo que merezco ir a cabalgar un rato al parque.

El menudo secretario asintió con la cabeza gacha mientras Adam J. Fullerton III se dirigía a la salida.

Al llegar a la puerta, el joven se volvió hacia el sumiso empleado.

—Por cierto, McBride, ¿hay algún iluso que pretenda hacernos la competencia en el asunto Scary Inn? —preguntó.

—Según nuestros informadores, sólo hay otra Agencia de Fantasmas que tenga intención de presentarse a la prueba.

—¿Ah, sí? —dijo Fullerton, algo sorprendido—. ¿Y cuál es?

McBride se apresuró a buscar entre los papeles de su carpeta, cogió uno de ellos y leyó:

—«Agencia de Fantasmas Moogley, de Nueva York.»

—¿Moogley? —dijo el joven en tono ligeramente despectivo—. El nombre no me suena de nada.

El untuoso McBride asintió, satisfecho: el señor Fullerton solía olvidar los nombres de sus pequeños competidores.

Una tarde llena de altibajos (más bajos que altos)

Willard Moogley se puso su inseparable cazadora de piel negra, abrió la pesada puerta de su casa y gritó dirigiéndose al interior del piso:

—¡Eh, Tupper! Voy a la tienda de Leo, a ver si él puede acompañarme. Tú empieza a reunir a unos cuantos fantasmas en el salón.

Sin esperar respuesta, el chico más pálido de Nueva York cogió un número arrugado de la revista musical *Underground Sounds* que estaba encima de un radiador, se lo metió en el bolsillo y trotó escaleras abajo. El ascensor seguía averiado, pero, por suerte, la señorita Cole aún no había preparado su infusión maloliente, y el aire del edificio era bastante respirable.

Will salió a la calle y miró en derredor. Era uno de esos

días en que la luz dorada del sol resplandece en la atmósfera cristalina de Manhattan, mecida por el viento procedente del Hudson. Uno de esos días que ponen de buen humor incluso a alguien como Will.

La tienda de discos dc segunda mano de Leo Miggins estaba allí mismo, a la izquierda del portal.

El joven, con las manos metidas en los bolsillos de la cazadora de piel, echó un vistazo a través del escaparate. O, al menos, lo intentó. Los cristales estaban sucios, ennegrecidos por la contaminación, y no logró ver nada de nada. De modo que se decidió a entrar, y abrió la puerta golpeándola suavemente con el hombro.

La tienda estaba como siempre: repleta hasta lo inverosímil de cedés y viejos discos de vinilo, polvorienta y terriblemente desordenada. Todas esas características la convertían en una de las tiendas favoritas de Will. Leo se hallaba detrás de un mostrador cubierto de adhesivos de bandas de música de todos los tiempos, concentrado en su *duro trabajo* de vendedor de discos viejos: estaba tumbado en una vieja silla de jardín medio desvencijada, con unos auriculares gigantes de técnico de sonido, y roncaba con la boca abierta, emitiendo sonidos irreales.

Will lo miró y sacudió la cabeza. Leo debía de tener unos

sesenta años. Llevaba el cabello entrecano corto, las patillas largas, sus inseparables tirantes y una camisa que debió de estar de moda allá por los años setenta.

—¡Leo! —lo llamó el joven en voz alta—. Aquí deslomándote, como siempre, ¿eh?

Will tuvo que quitarle los auriculares para conseguir que lo oyera. Leo dio un brinco en la silla y miró a su alrededor, desorientado, con los ojos entrecerrados. Luego reconoció la huesuda silueta de Willard Moogley y sonrió.

—¡Eh, amigo! ¿Qué tal? El viejo Leo estaba echando una siesta...

—Ya lo he visto —dijo Will riendo—. ¿Cómo va el negocio?

—Hoy no hay ningún pelmazo a la vista, o sea que todo va bien, amigo —respondió. Luego soltó un bostezo digno del libro Guinness de los récords y añadió—: Uuuh... ¡oye! He encontrado el cedé que querías, el de los Funny Bones.

—¡Genial! Pero hoy no he venido a buscar ninguna perla discográfica... He venido a pedirte un favor —confesó Will.

—Mmm... —murmuró el tendero de color con expresión desconfiada. Metió los pulgares bajo los tirantes y se los subió un poco—. Venga, dispara. A ver qué puedo hacer.

—Necesito que mañana me acompañes a un sitio.

—¿Ah, sí? ¿Dónde tienes que ir?

—A un lugar que está lejos de Nueva York. Se llama Spoonville. Ya sabes, es por trabajo.

—Oh, oh, oh, ¿cómo, Moogley? ¿Pretendes que el viejo Leo te lleve en coche a un pueblo perdido y deje su tienda? ¡Nooo! ¡Ni hablar!

Will sacudió ligeramente la cabeza con una sonrisa socarrona.

—Estaba seguro de que reaccionarías así, pero tengo un as en la manga que te convencerá.

Extrajo del bolsillo el número de *Underground Sounds*, lo abrió por una de las páginas centrales y se lo mostró a Leo.

—«El guardaespaldas de la estrella del pop Courtney Smears dispara dos tiros al oso de peluche de los Almacenes Bears al confundirlo con un animal feroz» —leyó el tendero—. ¡Guau! Como noticia no está nada mal, pero así no me vas a convencer para que te lleve a Spoonville.

Will comprendió que se había equivocado de página. Cogió de nuevo la revista y empezó a hojearla furiosamente, en busca del artículo adecuado.

—¡Aquí está! —exclamó, y le tendió la revista a su amigo.

—«Concierto de Skatarraz en Spoonville. Única fecha en el estado de Nueva York» —leyó esta vez Leo.

—Y da la casualidad de que el concierto es mañana —añadió Will, exultante.

—¡Skatarraz en directo! Esto cambia las cosas, amigo.

—Bueno, ¿qué me contestas?

—Yo cierro a las doce. Voy por mi Mercedes, con su radio-cedé nuevo, y nos vamos volando. Y, sobre todo, ¡sé puntual!

Will Moogley sonrió, satisfecho por aquel pequeño triunfo.

Antes de salir a la calle, Will oyó las notas del último disco de Skatarraz, a todo volumen, en la tienda de discos. Agitando las baquetas de una imaginaria batería, el joven siguió el endiablado ritmo mientras subía las escaleras de su casa ligero como una pluma.

Pero, al entrar en el piso, su insólito buen humor se esfumó de golpe.

A Will lo recibió una vaharada de peste insoportable. Se agarró al perchero para no desmayarse. Luego decidió averiguar qué había ocurrido, se tapó la nariz con la camiseta y avanzó heroicamente hasta el interior del piso.

Lo invadió una terrible sospecha.

Muy cerca de Janua, el reloj de péndulo, vio un gran número de fantasmas mareados, que se peleaban por huir de casa de los Moogley.

Su trágica sospecha se confirmaba: Tupper, con una pinza en la nariz, observaba consternado la huida general. Sólo un fantasma, una especie de cazador primitivo que vestía una piel de animal marrón, permanecía tranquilamente recostado en el sillón preferido de Will.

El joven Moogley, rabioso, se dirigió hacia su amigo.

—¡Tupper! ¡¿Estás mal de la cabeza o qué?! —lo increpó.

Le asió el brazo y lo empujó bruscamente hasta la cocina. Tras cerrar la puerta a sus espaldas, estalló:

—¿Sabes quién es el fantasma que está sentado en mi sillón? ¿Y sabes por qué lleva una piel de color marrón?

Tupper miró a Will con aire compungido.

—No, no sé quién es, pero intuyo algo sobre la piel que lleva...

—¡Es Hediondes, el Eterno Maloliente! —gritó Will interrumpiendo a su amigo el gafotas—. ¡El ser que peor huele en todo el mundo de los muertos y de los vivos!

Tupper miró al suelo, abatido.

—Perdóname, Will... yo sólo quería reunir a los mejores fantasmas que tenemos para el trabajo del hotel... Y nuestro archivo no está lo que se dice muy ordenado...

El arrepentimiento de Tupper era sincero, y Will no insistió. Echó a andar alrededor de la mesa, intentando hallar una solución.

—¡Ya está! ¡Ya lo tengo! —exclamó tras rondar como un buitre por la cocina durante un par de minutos.

Al oírlo, Tupper también se animó.

—Vamos al salón, le damos un buen vaso de ectoplasma a Hediondes y le decimos que su misión es vagar por el Polo Norte, con los pingüinos.

—Mmm... —repuso Tupper con expresión perpleja—. Will... sólo hay pingüinos en el Polo Sur.

—¡Mejor que mejor! ¡Así nos lo quitaremos de encima durante mucho tiempo! —replicó su amigo.

—¡Claro! ¡Genial! —exclamó Tupper con entusiasmo.

Ambos salieron de la cocina conteniendo la respiración, listos para poner en práctica su plan. Pero, al entrar en el salón, el timbre empezó a sonar repetidamente.

—¡Nooo! —saltó Tupper—. ¿Y ahora quién será?

—Da igual —contestó Will, muy resuelto—. Ve a abrir y, sea quien sea, échalo, ¡por la dentadura de mi abuelo!

—¿Que lo eche, dices? —preguntó Tupper, titubeando.

—¡Exacto! Échalo, ¡por la dentadura de mi abuelo! *¡Sea quien sea!* —repitió Will—. Yo voy por el ectoplasma.

Tupper, que no había echado a nadie en toda su vida, adoptó una expresión severa, y recorrió el pasillo apretando los puños, armándose de valor. Will lo siguió con la mirada, orgulloso de su amigo.

Cuando Tupper abrió la puerta, Willard Moogley vio la dulce silueta de la encantadora Susan del segundo recortándose contra una espiral de luz. La chica más guapa del vecindario llevaba en la mano una bandeja de pastelillos caseros.

—Hola, Will. He pensado que te gust...

Will intentó detener a Tupper.

Demasiado tarde.

—¡¡¡VETE, POR LA DENTADURA DEL ABUELO DE WILL!!! —gritó Tupper, con una voz de barítono que nadie habría esperado de él.

El lindo rostro de Susan pasó de una expresión dulce y feliz a una expresión de enfado total.

Tupper le cerró la puerta en las narices con un golpe seco. Will se quedó de piedra.

Tupper se acercó a él con un aire satisfecho de tipo duro, y vio que su amigo estaba rígido como una estatua, con el rostro contraído en una mueca indefinible.

—¿Todo bien, Will?

El dueño de la casa estaba demasiado traumatizado para responder.

Se desplomó sobre la alfombra como un saco, y su último pensamiento fue: «Vaya forma de perder un millón de puntos en dos segundos».

Will, desconsolado, siguió con el plan previsto. Le sirvió un gran vaso de burbujeante ectoplasma a Hediondes, y le habló de la misión en el Polo Norte. El fantasma aceptó el encargo sin rechistar.

Cuando Hediondes se alejó, Tupper se apresuró a airear el piso. El resto de fantasmas rodearon a Will y le suplicaron un poco de ectoplasma.

Will los ignoró; dejó que el viento gélido entrase en todas las habitaciones y eliminara hasta el último rastro de peste. Se detuvo ante el reloj de péndulo, y repasó la lista de fantasmas a quienes aún debía convocar.

Lanzó un suspiro y se puso manos a la obra.

La capital de los buñuelos

Al día siguiente, llovía de nuevo, y la temperatura había bajado varios grados. Un día terrible para salir de viaje. Más aún para Will.

Se había sentado en los escalones de entrada del rascacielos, con un aire más fúnebre que el de una corneja, las puntas del flequillo pegadas a los ojos como tentáculos negros. Vestía sus inseparables vaqueros rotos y su cazadora de piel negra, y estaba rodeado de varias maletas colosales, que parecían sacadas de un documental sobre exploradores ingleses del siglo XIX.

Tupper llegó a las doce menos cinco, silbando alegremente.

—Hola, Will.

—Tupper...

Sin levantarse, Will le lanzó un gigantesco manojo de llaves, y el robusto joven lo cogió al vuelo.

Luego Tupper se sentó junto a su amigo. Intentó que lo mirase a los ojos, pero fue inútil: Will tenía la vista fija en un punto impreciso de la calle. Entonces decidió hablarle.

—Creo que estamos listos para la aparición en masa —dijo.

—Pues sí.

—La reunión con los de Scary Inn está confirmada... los fantasmas están en tu casa... Todo bajo control, ¿no?

—Pues sí.

Tupper hizo tintinear el manojo de llaves.

—¿La de la puerta es la azul, verdad? Y la de la jaula de Callatú es ésta en forma de mazorca...

—Exacto.

Tupper se metió las manos en los bolsillos del pantalón deformado y extrajo un billete de cinco dólares.

—Acuérdate de comprarme dos buñuelos Colussus en Spoonville.

Will alargó rápidamente la mano y cogió el dinero.

—Oye, Will —le espetó Tupper—, no me digas que aún sigues enfadado por lo de Susan.

—Me traía pastelillos...

—Ya me disculpé.

—... ¡Hechos con sus manos!

—¡Uf! ¡Ya ves!

—Y tú... tú... —Will sacudió la cabeza, luego la levantó de golpe y dijo—: Ya llega Leo.

—Pues yo no lo veo.

—Pero lo puedes oír.

Bajo el ruido de fondo habitual en la ciudad, Tupper empezó a oír una música vibrante y arrolladora. Se volvió en la dirección del sonido, y vio acercarse un viejo Mercedes amarillo canario.

Leo llevaba el cedé del coche con el volumen a tope, y el brazo, como siempre, fuera de la ventanilla. Zigzagueó rápidamente entre los demás automóviles y, con una maniobra digna de un auténtico depredador, aparcó junto a la acera, en un lugar minúsculo, al que entró de través haciendo vibrar el suelo.

Extendió el brazo a modo de saludo.

Will avanzó con paso vacilante hacia el Mercedes, arrastrando una larguísima funda para trajes negra, con un gancho en forma de pata de cuervo y una etiqueta, en letras plateadas, que decía:

MOOGLEY
TRAJE DE LAS GRANDES OCASIONES

Leo apagó el radio-cedé, y la sensación de silencio fue tan vertiginosa que el coche pareció deshincharse y encoger varios centímetros.

—¡Nada mejor que un buen *reggae* para el viaje! —exclamó tamborileando sobre el volante.

Will murmuró una respuesta, abrió la puerta del maletero y colgó la pata de cuervo en un gancho del interior.

Leo asomó la cabeza por la ventanilla.

—¿Tienes que cargar todas esas maletas, Will? ¿Se puede saber qué llevas?

—No es nada importante —respondió el joven, cada vez más taciturno.

Malhumorado, fue por el resto de maletas y empezó a colocarlas en el maletero.

—Oye, ¿qué le pasa? —le preguntó el tendero a Tupper.

—Susan —respondió el chico encogiéndose de hombros.

Leo esbozó una sonrisa amarillenta con aire experimentado y, con aire cómplice, dijo:

—Vaya, veo que nos espera un viaje muy alegre...

—Oh, no, Leo, yo no voy a ir —anunció Tupper.

—¿Por qué no?

Tupper se ajustó las gafas sobre la nariz. No podía decirle a Leo Miggins que su misión era vigilar a ochenta fantasmas espantosos en el último piso del rascacielos, de modo que intentó buscar una excusa creíble:

—Pues... porque... tengo que ordenar la biblioteca y... quitar los libros del sofá... y también... mmm... darle de comer a Callatú... y... —Volvió a ajustarse las gafas sobre la nariz y suspiró profundamente—. En fin, ese tipo de cosas.

Will cerró con violencia el maletero.

—¡Eh! —protestó Leo mirando a Will por el retrovisor—. Ya sé que estás de un humor de perros, pero no la tomes con mi viejo Mercedes. —Luego le dijo a Tupper—: Un coche alemán con un buen radio-cedé es lo mejor del mundo.

—Ya he cargado las maletas —informó Will—. Listos para salir.

Le dio una palmada en la espalda a Tupper, como si hubiera decidido perdonarlo, y dijo:

—Por favor, ten cuidado con el reloj de péndulo. Nos llamamos esta noche para comentar los últimos detalles.

—Tranquilo —repuso su amigo, contento de ver a Will sonriendo de nuevo—. Lo dejas todo en buenas manos.

«Eso mismo dijo el capitán del *Titanic*», pensó Will.

Abrió la portezuela del lado del copiloto y subió al coche. Leo arrancó.

—¡Hasta pronto, Tupper!

—¡Buen viaje!

El Mercedes aceleró, salió marcha atrás y se incorporó al tráfico con prepotencia.

—¡Adiós, chicos! —gritó Tupper antes de que la ensordecedora música de Leo invadiese la calle—. Y... ¡no olvides los buñuelos!

—¿Qué ha dicho Tupper del pañuelo? —le preguntó Leo a Will.

Dejaron atrás los rascacielos de Manhattan. No parecía que la temperatura del interior del vehículo fuese a aumentar, de modo que, al llegar al puente de Brooklyn, Will también bajó la ventanilla y sacó el brazo, mientras contemplaba el río Hudson y las grandes barcazas que navegaban hasta el puerto. Tomaron la autopista bajo el cielo gris y ruidoso, y avanzaron hacia las afueras de la ciudad.

Amenizaron el viaje dos cedés de *reggae* de los Jai Maicas, un interminable disco folk de Scotch Walker y más de la mitad del mejor *dark* jazz de los Furiones.

Al ver el indicador de Spoonville, Leo torció por la salida de la autopista y, tras circular un par de kilómetros, se adentraron en pleno campo. La entrada a la ciudad estaba señalizada con un enorme buñuelo amarillo, algo desconchado, sobre el que parpadeaba un eslogan relativo al premio recibido unos años atrás.

—¿Capital mundial? —leyó el tendero palmeándose la barriga—. Pues mira, llegamos a punto, justo a la hora de cenar.

Will no estaba demasiado convencido. Le pareció que Spoonville tenía muy poco que ofrecer. Aparte de unos cuantos chalés y alguna tienda de electrónica, el único edificio de interés era el campo de béisbol, en el que iban a tocar los Skatarraz. Leo circuló más despacio para leer el horario del concierto, y Will aprovechó para bajar drásticamente el volumen del cedé. A continuación, poniendo buen cuidado de que su amigo no lo viera, se quitó los tapones de cera que le habían permitido sobrevivir hasta ese momento, y los tiró por la ventanilla.

Leo señaló el primer bar con aparcamiento que vio en la calle.

—¿Paramos aquí?

Will asintió.

El interior del bar era frío y húmedo, y los pocos clientes encaramados a los taburetes de la barra parecían estar disecados. Con los cinco dólares de Tupper, Will pidió dos buñuelos Colussus, un zumo de naranja grande para él y una cerveza negra para Leo.

Les sirvió una mujerona de pelo teñido, que vestía un delantal con un osito sonriente.

—¿Habéis venido a ver a los rompetímpanos del concierto, verdad? —preguntó la vieja mientras freía la última rosquilla.

—Pues claro, guapa —contestó Leo al volver del cuarto de baño. Se secó las manos en el pantalón y cogió su buñuelo salado a los cuatro quesos.

—¿Conque guapa, eh? —masculló la vieja—. Puede que ya no lo sea. Pero, hace unos años, en este bar había colas cuando servía yo. Con concierto o sin concierto.

Will apoyó la barbilla en la mano, con expresión aburrida.

—Yo he venido aquí por el hotel —dijo.

Los ojos de la mujer brillaron un instante de curiosidad.

—¿Qué hotel? En Spoonville sólo hay dos hoteles: el Stamberg y el Luxury Star.

Will sacudió la cabeza, extrajo del bolsillo de la chaqueta el recorte del *Periódico Espectral* con la noticia que Tupper le había leído, y lo alisó sobre la barra con las manos grasientas de buñuelo.

—La cadena Scary Inn —dijo— acaba de comprar el hotel Mercer Applegate.

—¿*Ese* hotel? —rió la camarera. Se inclinó hacia Will con fuerza, como si fuese a hundir la barra, y le preguntó sin rodeos—: ¿Y se puede saber por qué incomprensible motivo un chiquillo como tú se interesa por un hotel como *ése*?

—¿Qué tiene de raro? —preguntó Will, y tragó con rabia un sorbo de zumo de naranja.

—¿Que qué tiene de raro? ¿Que qué tiene de raro? —repitió la mujer como un disco rayado.

Lo cierto es que debía haber algo raro, porque uno de los clientes disecados también rió nerviosamente.

«Qué simpáticos», pensó Will, que ya empezaba a odiarlos.

—¿Cómo te llamas, chico? —preguntó el cliente disecado con aire de hombre experto.

—Mark —respondió Will, y al oírlo Leo se sobresaltó—. Mark Twain.

El cliente no advirtió la tomadura de pelo y siguió hablando:

—Escúchame bien, Mark Twain. Ese lugar que has nombrado antes... *Ése*, ¿entendido? Mira... ¿sabes lo que significa *estar gafado*? Pues ese sitio lo está. ¿Y sabes por qué? Porque dicen que en aquel monte había un viejo cementerio indio. ¡Un cementerio maldito!

—¿En serio? —dijo Will, y se arrepintió amargamente de haber parado a comer en aquel bar—. Pues menuda alegría...

—¡No tiene ninguna gracia! —observó la vieja—. A saber cuántas maldiciones lanzaron los indios para evitar que la gente curioseara en el viejo cementerio. Ellos lo comprendían, se mantenían alejados, pero luego los indios se fueron y...

Will asintió sin convicción.

—¿Y quién llegó? —preguntó.

—Johnny el Afortunado, el primer colono europeo de la región. No hizo ningún caso de las leyendas indias. Compró el monte, taló unos árboles y se hizo una casa justo encima del viejo cementerio. A la primera tormenta, un rayo quemó la casa. Johnny salió ileso, y construyó otra casa. La historia se repitió sin cesar: los rayos le quemaron la casa nueve veces.

—Hasta le cambiaron el apodo por Johnny el Fulminado —añadió el cliente disecado.

—Y entonces —prosiguió la mujerona— Johnny empezó a creer en la maldición india, pero ya había corrido la voz, y le costó mucho deshacerse del terreno. Al final lo consiguió: se lo vendió a Sammy el Tuerto, que construyó en él una casa de piedra.

—... para evitar que se quemase a la primera tormenta —explicó el cliente disecado.

—Pero, al terminar las obras de la casa, Sammy cayó dentro del pozo sin darse cuenta.

—Por algo lo llamaban el Tuerto...

Will resopló, intentando convencer a la mujer para que interrumpiera su relato.

—A pesar de todo —continuó ella—, el viejo Mercer Applegate decidió construir un hotel en ese lugar, pero, como era de esperar, ocurrieron muchísimos desastres, y pronto corrió la voz de que era mejor no alojarse allí. El hotel fue de mal en peor y, poco antes de que el viejo Mercer lo derribase para reutilizar el material, llegaron esos incautos de Scurry Nin...

—Scary Inn —corrigió Will.

—Eso, Scary Inn... y le pagaron un millón de dólares.

—Ya, una verdadera ganga —comentó Leo, sarcástico.

—Pero nunca le dieron el dinero. La tarde en que debían pagarle, Mercer sacó el mejor servicio que tenía para prepararse un buen té... —La vieja les enseñó un recorte de periódico en el que se veía una cucharilla de té ennegrecida— ... y se acercó a la ventana para sacarle el polvo. Fuera, el aire amenazaba tormenta. Mercer levantó la cucharilla y... ¡ZAS!

La mujer dibujó un zigzag en el aire.

—¡ZAS! —repitió—. Un rayo. Y esta cucharilla es todo lo que queda del viejo Mercer.

—¡No me digas! —saltó Leo Miggins.

—Es la pura verdad. Palabra por palabra —confirmó el cliente disecado.

—¿Y luego qué pasó? —inquirió Leo.

—El contrato ya estaba firmado, y Mercer no tenía herederos, conque... los de Scary Inn consiguieron el hotel sin pagar un centavo. Ellos creen que han hecho un gran negocio, pero los pobres se han metido en un buen lío, ¡os lo digo yo! Porque ese lugar está gafado. ¡Y no me sorprendería que estuviera lleno de fantasmas!

—Ejem —tosió Will—. ¡Qué rico está el buñuelo! —dijo para cambiar de tema.

—¿En serio? Que quede entre nosotros, pero, hasta hace un par de años, en Spoonville nadie sabía hacer un buñuelo decente. Luego, a nuestro alcalde se le ocurrió esa idea de la capital mundial y... ya sabéis cómo funciona el mundo: basta escribir una tontería para que haya un tonto que la lea.

«Tupper», pensó Willard al momento.

La señora tenía razón en una cosa: en Spoonville sólo había dos hoteles, y para colmo estaban uno frente al otro, al final de la calle del campo de béisbol.

A la izquierda, el elegante Hotel Luxury Star, de cinco estrellas, categoría de lujo. Siete pisos de cristal negro, banderas que ondeaban en la entrada, dos leones flanqueando el vestíbulo y personal de servicio envarado y con pajarita.

Enfrente, el modesto Hotel Stamberg, dos estrellas (una de ellas apagada), un negocio familiar con tres pisos de madera en estilo viejo Oeste, entrada con puerta giratoria medio atascada y ni rastro de personal de servicio.

Naturalmente, Leo y Will eligieron el segundo hotel.

—El concierto empieza dentro de poco —observó el propietario de la tienda de discos tras consultar su reloj—. ¿Te ayudo a descargar las maletas?

—No las necesito, gracias —contestó Will—. Sólo... esto.

Y el chico sacó del coche la voluminosa funda para trajes.

—Bien, socio, como quieras.

Leo conocía demasiado bien a Will para preguntarle por qué había cargado todas esas maletas de explorador si no necesitaba ninguna. Y Will no podía explicarle a Leo que las maletas contenían tarros y más tarros de ectoplasma Moogley y unas setenta Trampas Espiritistas para llevar a los fantasmas de vuelta a casa tras la gran aparición en masa.

Se despidieron frente al hotel. Leo se dirigió al campo de béisbol, y Will avanzó hacia la destartalada puerta del Stamberg, pensando que no le sorprendería si se derrumbaba en plena noche.

Cuando estaba a punto de entrar, unos neumáticos chirriaron en la calle, iluminada de repente por varios faros de xenón. Will se protegió los ojos con la palma de la mano, y reprimió el instinto de echarse al suelo y ocultarse tras unos matorrales. Lo primero que pensó fue «¡Secuestro alienígeno!», pero luego vio tres monovolúmenes negros, relucientes y amenazadores, ocupando toda la calzada. Los dos primeros, con una maniobra perfecta, se detuvieron ante la puerta del Hotel Luxury Star. Se bajaron cuatro personajes con chaquetas cruzadas azules y jerséis blancos de cuello alto, quienes se apresuraron a desenrollar en el suelo una alfombra con lirios estampados.

El tercer monovolumen se detuvo al final de la alfombra. Se abrió la portezuela corredera y bajó un veinteañero atlético, de sonrisa luminosa, con el pelo rubio y ondulado y en perfecta forma. Vestía una elegante chaqueta estilo marinero de algodón blanco, pantalón de lino y zapatos de piel clara.

—Fullerton —susurró Will mordiéndose el labio.

El rey de las Agencias de Fantasmas de lujo iba seguido de su secretario personal, un ser vagamente parecido a una zarigüeya, con el cráneo terminado en punta y unas gafas al último grito que desentonaban mucho con su aspecto. El hombrecillo miraba a su alrededor con un aire, si ello era posible, más altivo que el de su jefe.

Ambos avanzaron sobre la alfombra seguidos de un gran número de maletas de piel. El personal del hotel los saludó, y desaparecieron tras las intensas luces del establecimiento.

—¡No veas! —exclamó Will.

Una entrada lo que se dice triunfal.

Will se colgó la funda para trajes al hombro y se dispuso a imitar a su encarnizado rival.

Entró con paso seguro en el Hotel Stamberg y, al cabo de pocos segundos, se quedó atascado dentro de la puerta giratoria, con medio traje fuera.

—¡Socorro! —gritó luchando para mover la maldita puerta en cualquier dirección—. ¡Que alguien me saque de aquí!

Acudió un anciano con la cabeza como una patata, llena de bultos. Dio varios puntapiés y logró abrir un resquicio lo bastante ancho para que Will entrase.

—Lo siento por la puerta —se disculpó el muchacho.

—Nosotros nunca la utilizamos.

—¿Ah no? ¿Y cómo entran?

—Hay una puerta pequeña en la parte de atrás. Venga, se la enseñaré...

—No... no se moleste —repuso Will, que no tenía ganas de

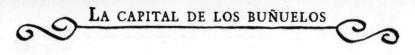

descubrir nuevas puertas—. Esta noche no tengo que volver a salir. Por cierto, he reservado una habitación, la número 17.

—En seguida lo compruebo, señor —respondió el viejo, y desapareció tras un mostrador lleno de carcoma. Cogió un enorme libro de registros de un estante, esperó a que se disolviera la nube de polvo y dijo—: Habitación 17. Bien. Usted debe de ser el señor Moogley.

—Exacto.

—Moogley... Moogley... ese nombre me suena. ¿Había estado aquí antes?

—No, qué va —contestó Will, y dirigió una mirada llena de envidia a los relucientes monovolúmenes aparcados delante del Hotel Luxury Star.

—Pues... —El hombre empezó a hojear las páginas de su libro—. ¡Ah, por eso me sonaba! Alvin Moogley, 1957. ¿Es pariente suyo?

—¿Tío Alvin estuvo aquí?

—Sí, sí —rió el hombre patata—. Yo nunca olvido a un cliente —añadió en un tono casi amenazador.

—¿Y para qué vino a Spoonville?

—Si no me equivoco, era un joven periodista en busca de fortuna.

—¿F-fortuna? —balbució Will.

—Sí, si no recuerdo mal, escribía en un periódico que se llamaba... el *Periódico Espectral*, o algo así.

«El *Periódico Espectral*», pensó Will.

—El caso es que estaba preparando un artículo sobre los diez peores lugares donde pasar las vacaciones en el estado de Nueva York. Y por eso vino aquí.

«No me sorprende», pensó Willard, aunque mantuvo un riguroso silencio.

—No para hacer un artículo sobre nuestro hotel —aclaró el anciano de la cabeza de patata—, sino sobre ese otro... el del viejo Mercer.

—Ya —murmuró Will, y comprendió que su tío había contribuido a difundir la mala fama del Hotel Applegate.

Parecía que el anciano había terminado su relato, y le tendió al joven una llave de latón colgada de un llavero en forma de cuchara.

—Mire qué coincidencia. Su tío eligió la misma habitación que usted.

—¿En serio? —preguntó Will sintiendo un escalofrío de temor. Cogió lentamente la llave, esbozó una última sonrisa gélida y preguntó—: ¿Hay un teléfono por aquí?

El hombre le indicó un corredor oscuro de paredes ladeadas.

—Al final del pasillo, a la izquierda.

Will corrió en esa dirección.

—¡Venga, va, cógelo ya! —masculló en cuanto hubo marcado.

Estaba encerrado en una pequeña cabina color crema con la puerta plegable, apretujado entre la pared y un gigantesco aparato telefónico que debía de estar allí desde los tiempos de Al Capone.

—¡Coge el maldito teléfono, Tupper!

Su amigo contestó al cuarto timbrazo.

—Agencia de Fantasmas Moogley, buenas tardes. ¿Qué fantasma desea?

—¡Tupper, soy yo! —dijo Will aferrándose al auricular.

—¡Hola, Will! ¿Qué tal? ¿Todo bien en Spoonville?

—¡Todo fatal! Ha sido una tontería venir aquí. Según dicen, el hotel que debemos llenar de fantasmas está completamente gafado.

—¡No me extraña! ¡Estamos hablando de un hotel lleno de fantasmas!

—No lo entiendes, Tupper. Me han hablado de maldiciones indias, no de supersticiones para turistas.

Will le contó de un tirón lo del cementerio indio, desde

Johnny el Afortunado hasta el té letal que había zanjado el asunto del contrato con Scary Inn.

—¡Sincrotrones! ¡Menuda historia! —observó Tupper, perplejo—. Pero, que yo sepa, la plata no es un metal que atraiga a los rayos.

—¡Y yo qué sé! Sólo quiero que averigües por qué estuvo tío Alvin aquí en 1957. E intenta conseguir información sobre el viejo propietario del hotel.

Tupper se concedió unos instantes de silencio para reflexionar antes de decir:

—¿Quieres que abra el Libro Negro?

—Sí, claro. Estamos metidos en un buen lío, Tupper. Eso por no hablar de Adam Fullerton.

—¿Lo has visto?

—Ha llegado hace un rato, con su secretario y no sé cuántas personas más, al hotel que está frente al mío. Mientras los observaba, he tenido la sensación de que gritaban: «¡Somos los más estupendos del mundo!».

—Mi tía siempre dice que las apariencias engañan —comentó Tupper, filosófico.

Cerca de Tupper se oyó un gran estruendo, como si un mueble hubiese caído al suelo y un bisonte lo hubiera pisado.

—¿Qué ocurre, Tupper?

Su amigo cubrió el auricular con una mano y le chilló a alguien; luego siguió hablando con Will.

—Oh, no es nada.

Will oyó a Callatú gritando:

—¡Y a mí qué! ¡Y a mí qué!

—¿Cómo que *nada*? ¿Qué le pasa al loro?

—Pues... está un poco asustado, pero no es nada...

Will comprendió la verdad en menos de un segundo.

—¡No me digas que ya has soltado a los fantasmas!

—¡NO, NO LO HE HECHO!

—¡TUPPER!

—Bueno... a ver... —resopló su amigo—. Digamos que he soltado a uno o dos.

—¿Uno o dos?

—Mira, Will, es que no sabía qué hacer. Tu tele no funciona bien, y me aburría jugando solo contra el ordenador.

Will se agachó, pegado a las paredes de la microscópica cabina.

—Tupper... los fantasmas *no saben jugar con el ordenador*.

—¡Eso lo dirás tú! ¡Frequency me acaba de ganar en la pista de la muerte de Crash Rally!

—¡Es que Frequency está *muerto*! ¡Es normal que te gane en la pista de la muerte!

Siguió un largo momento de silencio, y Will sintió aproximarse una terrible jaqueca.

—¿Estás enfadado conmigo, Will? —preguntó al fin Tupper en voz baja.

—No, Tupper, no estoy enfadado contigo. Pero no quiero... que haya más problemas, ¿vale?

—Si quieres, te repito el plan desde el principio.

—No sé, Tupper, no sé. Estoy muy cansado.

—Mañana por la mañana, a las diez en punto, dejo salir a todos los fantasmas del reloj de péndulo —empezó Tupper con voz profesional—. Quiero decir, a todos los fantasmas *que faltan*...

—Tupper...

—Luego los pongo encima de la alfombra, dibujo alrededor de ellos el símbolo de Athanasius Moogley y...

—Tupper...

—Y espero a que tú hagas lo mismo en la sala del hotel donde se organice la prueba. Y entonces... ¡TA-TAN! Delante de los directivos de la cadena hotelera Scary Inn, ¡se aparecerá la flor y nata de los fantasmas de la Agencia Moogley!

—Bien, Tupper —dijo Will frotándose los ojos—. Perfecto. Ése es el plan. Y ahora, en serio, estoy molido...

Se despidió de su amigo, colgó, abrió la puerta plegable

y subió hasta el primer piso, a la habitación número 17. Una vez dentro, echó la funda para trajes sobre la cama y se tendió con las manos detrás de la nuca.

Desde la ventana abierta, que daba a la calle principal, llegaba el sonido amortiguado del concierto de Skatarraz, y también la insoportable iluminación del Hotel Luxury Star. Un hotel que, probablemente, Will jamás podría permitirse.

Emitió un quejido y se levantó a correr las cortinas de vieja tela sucia, pero una de ellas no se movió. Al final, Will colgó su funda para trajes delante de la mitad de la ventana por la que entraba luz, y se quedó dormido.

LA PRUEBA

Despertó al alba, molido.

Will estaba acostumbrado a dormir en la oscuridad total de su piso del Upper East Side, y la incipiente luz del día, que se filtraba entre la media cortina y la funda para trajes, lo había desvelado.

Dio cientos de vueltas en la cama, pero la cosa no tenía remedio. Al cabo de un cuarto de hora ya estaba bajo la ducha, una nube de vapor y agua muy caliente, casi hirviendo. Salió con la piel enrojecida, y los capilares de la espalda, abrasados, formaban una red violácea. En definitiva, tenía un aspecto horrible.

Mientras esperaba a que su cabello negro se secara, encendió el minúsculo televisor colocado sobre la mesilla de noche. Sólo había programas de cocina y la insoportable teletienda, que anunciaba un trasto láser para cortarse los pelos de la nariz. Por eso no llevaba a reparar su televisor. Apagó.

Le habría gustado que se lo trague la tierra.

Sin embargo, se levantó de la cama, corrió la media cortina y miró la ciudad, envuelta en la niebla pálida del amanecer. De pronto, vio algo interesante: Adam Fullerton corría por el jardín de su hotel, vestido con un impecable conjunto de tenis estilo Wimbledon. Detrás de él, con paso menos atlético y empapado en sudor, su fiel secretario, seguido por los inevitables guardaespaldas.

Will los observó con sentimientos contrastados hasta que desaparecieron de su vista. Aquello lo había picado, de modo que hizo un par de flexiones, miró en el espejo el estado inexistente de sus músculos y decidió que le daba lo mismo. Tío Alvin siempre decía que lo importante es el cerebro. Y el cerebro de Will, en ese momento, estaba prácticamente seco.

Se subió a una silla, descolgó la funda para trajes de la barra de la cortina y la dejó ceremoniosamente sobre la cama.

Las letras plateadas brillaban en la luz de la mañana.

¡Raaac!

Con un movimiento rápido, Will sacó de la funda el traje de las grandes ocasiones.

—¡Eh, Moogley! ¿De qué vas vestido? —le preguntó Leo Miggins al verlo.

El hombre estaba sentado ante una mesa redonda, y leía el periódico local. Lo tenía abierto por una página en la que había fotos de varias personas empujándose bajo la lluvia, y el titular decía: «Un nuevo éxito de Skatarraz».

Will avanzó unos pasos, titubeante.

—Tengo la impresión de que no es de mi talla...

—¡Pues no! —dijo Leo riendo de buena gana—. Creo que te va unas cinco tallas grande.

Will vestía un frac de ceremonia. Los faldones de la chaqueta, de fina lana gris marengo, le colgaban hasta el suelo. El chaleco cruzado, de paño ligero, le iba tan ancho que parecía una sábana. El pantalón, bordado en negro, con el dobladillo colgando sobre las zapatillas de deporte, parecía un flujo de lava negra. Por último, la camisa blanca otorgaba al conjunto el aspecto de un gigantesco merengue con nata.

—Me pregunto cómo diablos podía llevar esto mi tío Alvin —dijo Will, y se sentó junto a Leo.

—¿Y tú por qué te lo has puesto?

—Forma parte del... plan —se justificó el muchacho alisándose el enorme chaleco.

Leo Miggins sorbió despacio su café mientras analizaba la situación.

—Mira, Will, este traje no funciona —sentenció—. ¡Tienes que hacer algo!

Bajo la atenta mirada de Leo, Will renunció a chaleco y camisa, y los sustituyó por la camiseta negra del concierto de Skatarraz. Luego se remangó doce veces las perneras del pantalón sobre las zapatillas y, por último, dobló hacia dentro los faldones de la chaqueta, y los sujetó al forro interior con dos imperdibles.

Leo lo miró, satisfecho.

—Ahora tienes un aire de estrella del rock setentera.

—¿Tú crees? —preguntó Will mirándose al espejo.

—En mi tienda he visto a cantidad de músicos que intentaban parecer rockeros de los setenta, pero ninguno resultaba tan convincente como tú.

—Pues yo me siento un estúpido.

—Simplemente, debes estar seguro de ti mismo.

—¿Seguro de sentirme estúpido?

Leo soltó una carcajada.

—Escucha. Tú piensa que llevar una chaqueta con los

faldones doblados bajo las axilas es lo más normal del mundo. —Leo consultó su reloj—. Tenemos que irnos, si no, llegaremos tarde.

Will apretó los puños y asintió, aunque, en realidad, estaba furioso. Furioso por la aparición en masa de su antepasado Athanasius, que lo obligaba a llevar el traje de las grandes ocasiones. Y furioso consigo mismo por no habérselo probado antes de salir. Y, sobre todo, furioso con...

«¡Tupper! ¡Ojalá no me hubiera convencido para ir a la prueba!»

Will y Leo subieron al coche.

Dejaron atrás Spoonville, y tomaron un camino de tierra que iba de la carretera principal hasta un bosque. Lo recorrieron durante un par de kilómetros y, luego, se detuvieron en un cruce del que partían tres carreteras rurales.

—¿Y ahora qué hacemos? —preguntó Leo.

Will no tenía ni idea de cuál era el camino. Las indicaciones para llegar hasta el hotel no lo decían.

Pero no tuvo que pensarlo mucho. Oyeron un molesto claxon, tres monovolúmenes negros los adelantaron y, con mucha seguridad, tomaron la carretera de la izquierda salpicando barro.

—Por allí —decidió Will, verde de rabia.

El Hotel Applegate tenía un encanto espectral. Construido sobre un altozano rodeado de árboles, tenía unas vistas magníficas, que abarcaban desde el interior de Long Island hasta el mar. En un prado verde y goteante de humedad, se alzaba el edificio principal, cuatro pisos en forma de herradura, con ventanas altas y estrechas y el tejado apuntado, con buhardillas, claraboyas, ventanas circulares y chimeneas.

Se accedía a la entrada del hotel por dos tramos de escaleras contrapuestas, similares a dos paréntesis, situadas a ambos lados de una clásica fuente cubierta de oscuros líquenes. Una capa de hojas doradas cubría el patio principal, donde había aparcados dos coches de lujo y los tres monovolúmenes de Fullerton, con los laterales salpicados de barro.

Will le indicó a Leo dónde tenía que detenerse. Luego bajó del Mercedes y sacó del portaequipajes las maletas, los bastones espiritistas de Athanasius y una carpeta marrón muy usada.

Por fin halló el valor necesario para mirar la puerta del hotel y las negras ramas de hiedra que trepaban hasta el tejado, similares a grietas profundas.

—No tardaré mucho, Leo.

El vendedor de discos se arrellanó en el asiento del coche, cedé en mano.

—Ve tranquilo.

Will suspiró. No estaba tranquilo, sino todo lo contrario.

Subió por la escalera izquierda, empujó la puerta de madera y cristal esmerilado, se adentró en un oscuro pasillo y se detuvo, perplejo, en un gran vestíbulo, ante un escritorio negro que parecía estar allí por error. Entonces oyó una carcajada tras de sí, y se volvió.

Adam J. Fullerton III y su secretario McBride estaban sentados en dos de las sillas colocadas en las paredes que rodeaban el vestíbulo.

—¿Y tú de dónde sales? —le preguntó Fullerton, con voz vigorosa.

Will echó un rápido vistazo a la sala, y vio que no había nadie más. En aquel vestíbulo desmesuradamente grande, alto y vacío, sólo había varias puertaventanas por las que se accedía a distintas terrazas y, en el otro lado, una puerta de madera lacada en blanco.

—Me llamo Moogley —dijo Will armándose de valor.

El joven y su secretario intercambiaron una divertida mirada.

—¿Y qué haces aquí, Moogley? —preguntó Adam Fullerton.

—Lo mismo que usted, señor Fullerton —respondió Will, y mostró su carpeta deteriorada—. Estoy aquí por la prueba.

Los otros dos intercambiaron una segunda mirada, más divertida que la anterior. El secretario con cara de zarigüeya extrajo de su maletín unos papeles, y empezó a hojearlos con consumada habilidad.

—Sinceramente, señor Moogley... nosotros creíamos que... la Agencia Alvin Moogley había cerrado hacía tiempo.

—Pues siento informarle de que no es así —repuso Will ladeando la cabeza con un gesto cómico—. Además, ha cambiado de nombre. Ahora se llama Agencia de Fantasmas Willard Moogley. Y ése soy yo.

Adam Fullerton se había echado hacia atrás para apoyarse en el respaldo de la silla, y se le marcaban los pectorales bajo la camisa.

—Esto es muy interesante, McBride: tenemos competencia.

—Eso parece, señor Fullerton.

—Una competencia con mucha clase. Con muchísima clase. ¡Igual han empezado ya el instituto!

El chiste era muy malo, pero McBride estalló en carcajadas.

—¿Y sabes qué, McBride? —prosiguió Fullerton—. Este nuevo rival es muy, pero que muy *elegante*. ¿No crees?

—Elegantísimo, señor Fullerton.

—Es un traje hecho a medida por un sastre —replicó Will, irritado.

—Sí, ya se nota. Un sastre muy bueno... que debía trabajar en una cueva, a oscuras...

McBride soltó otra carcajada, mientras Will, muy cohibido, ardía de rabia.

Fullerton se puso en pie y mandó callar a su secretario. Luego apretó los dientes hasta que le rechinaron y, dirigiéndose a Will, masculló:

—Voy a darte un consejo, mocoso: lárgate y déjanos trabajar. ¿No ves que aquí no hay nadie más, sólo nosotros? ¿Te has preguntado por qué se han ido los demás al saber que venía yo?

—¿Por su pésimo desodorante? —contestó Will paralizando a Fullerton con su insolencia.

En ese momento, la puerta blanca de la pared opuesta chirrió al abrirse. Los tres se volvieron a mirarla, pero, durante diez segundos, no sucedió nada.

McBride consultó su reloj.

—Los de Scary Inn llegan antes de lo previsto. Nosotros tenemos cita a las diez y media.

Se inclinó a coger sus maletines y se dispuso a avanzar; mientras, Adam Fullerton seguía observando a Will como si quisiera desintegrarlo con la mirada.

El chico no se dejó intimidar. Hurgó en sus bolsillos, sacó una tarjeta arrugada y se la enseñó a los dos fanfarrones.

—Perdón —dijo con una sonrisa maliciosa—, pero creo que primero me toca a mí. Yo tengo cita a las diez en punto. Que lo pase bien mientras espera, señor Fullerton —se despidió mientras andaba hacia la puerta blanca—. Y usted también, señor secretario McBride.

Will entró por la puerta blanca y suspiró, aliviado. Se apoyó en la pared y vio un cartel con la frase: «SE RUEGA CERRAR LA PUERTA».

Cuando fue a hacerlo, Will observó divertido cómo Fullerton daba puntapiés a las sillas. Luego, a falta de otras indicaciones, empezó a recorrer el largo pasillo que se abría ante él.

Hacia la mitad del recorrido, se detuvo a atarse los cordones del zapato izquierdo. Cuando se levantó, vio que, en ese tramo, el pasillo daba acceso a una habitación lateral. Era una sala pequeña y decorada con gusto. Un hombre miraba por la ventana con expresión ausente.

—Ejem... perdón —dijo Will acercándose a la puerta—. He venido a la prueba... para lo de los fantasmas...

—Ah, sí, la prueba —comentó el hombre sin volverse.

—¿Usted es de Scary Inn?

—Oh, no. Tienes que abrir la otra puerta —respondió el hombre volviéndose lentamente.

—Gracias —dijo Will mientras entraba, también muy lentamente, en la sala.

Al cuarto paso, el suelo de madera cedió bajo sus pies.

—¡Aaah! —exclamó el joven hundiéndose hasta las rodillas en una abertura.

El hombre de la ventana ni se inmutó, y Will, no sin ciertas dificultades, logró salir solo del agujero.

—Tiene suerte de ser ágil —dijo el hombre.

—Sí... mucha suerte —masculló Will, y se miró el pantalón. Al caer, se habían desenrollado las doce vueltas del dobladillo de la pernera derecha, y ahora era imposible remangarla de nuevo—. Es muy peligroso andar por aquí...

—Es peor estar en la ventana, créame —susurró el hombre con actitud misteriosa.

Will no le hizo caso, y anduvo con cuidado sobre las tablas del suelo hasta llegar a la puerta.

La abrió y entró por ella.

Se encontraba en una habitación reducida y mal iluminada, que quizá, en otro tiempo, había sido una despensa. Presidía la estancia un gigantesco armario negro de madera, que llegaba hasta el techo.

Sin razón aparente, Will sintió que se le erizaban los pelos de la nuca, y creyó oír el sonido de una tormenta que se avecinaba.

En la habitación no había nada más, de modo que se acercó al armario y lo abrió. La gigantesca puerta crujió de forma siniestra antes de mostrar una enorme colección de platos, tazas y tacitas de porcelana. Antes de que pudiera observar bien el interior, una de las bisagras de la puerta se rompió.

—¡Ooooh! —exclamó Will, e intentó sostenerla.

Pero la puerta pesaba demasiado, y se estrelló contra el suelo con gran estrépito. Todo el armario vibró, algunos objetos de porcelana cayeron y se hicieron añicos.

Will se apresuró a volver sobre sus pasos, y salió por la misma puerta por la que había entrado. Al pasar, la manga de la chaqueta se le enganchó en una grieta del marco, y la tela se rompió hasta la altura del codo.

—¡Oh, nooo! —gritó el joven, y tiró de la manga con violencia.

La puerta se cerró tras él, y de nuevo se encontró cara a cara con el hombre de la ventana.

—¿Se puede saber adónde me ha mandado? —le espetó mientras observaba su traje roto—. ¡Allí dentro no hay nadie para evaluar la prueba!

—Yo no le he dicho que lo hubiera —repuso el hombre.

—¡Pero me ha dicho que abriese la puerta! —le recordó Will, furioso.

—Eso es inexacto. —El hombre levantó un dedo—. Le he dicho que abriese la *otra* puerta, no *esa* puerta. —Señaló el pasillo por donde Will había entrado en la sala y especificó—: Siga recto hasta el final del pasillo.

Will puso los ojos en blanco al pensar que, si no se hubiera detenido a atarse el zapato, ya habría llegado, y, además, su traje seguiría intacto.

«Desde luego, este sitio está gafado», se dijo mientras volvía sobre sus pasos.

—Antes de irse, ¿le apetece una taza de té? —preguntó el hombre alzando una cucharilla de plata.

—No, gracias —contestó Will, y se alejó a toda prisa.

Ya solo en su estudio, Mercer Applegate contempló la tormenta que se avecinaba y pensó: «Qué energía tiene ese chico. Ha salido disparado como un rayo».

—¿Se puede? —preguntó Will al abrir la otra puerta blanca.

—¡Adelante, señor Moogley! ¡Pase usted! —dijo una voz masculina y estridente.

La sala, mucho más pequeña que la anterior, era estrecha y larga. El suelo de madera también crujía bajo los pies, aunque, afortunadamente, parecía más sólido que el otro.

Los seleccionadores de Scary Inn eran tres, y estaban sentados tras una mesa cuyas patas terminaban en unas garras de león macizas. La persona que había invitado a Will a entrar era un joven vestido con traje y corbata, con pinta de abogado. Junto a él, en el centro, un hombre entrado en años, hosco, con un brazo en cabestrillo; al otro lado, la única mujer, con gafas doradas y una mata de pelo caoba y rizado.

Will los saludó uno por uno, y luego presentó su Agencia rápidamente, gracias a un par de documentos que Tupper había tenido la feliz idea de fotocopiar.

—«En activo desde 1596... Medalla de honor "Caza de brujas" en 1721... Sociedad espiritista neoyorquina... Prestigioso Premio Fantasma a principios del siglo xx» —leyó el abogado—. Sus referencias hablan por sí solas, señor Moogley.

—Ya, pero, a decir verdad —intervino la mujer—, parece que, en los últimos años, la Agencia de Fantasmas Willard Moogley no se ha mantenido muy... activa.

Will se subió la manga de la chaqueta rota.

—Verá... bajo la dirección de mi tío Alvin, hubo un... *cambio de orientación* —explicó el joven, guardándose de pronunciar la palabra «ruina».

—Sin embargo, por lo que vemos, usted está dispuesto a aceptar un encargo importante, como el que le ofrece mi padre —prosiguió la mujer señalando al anciano con el brazo en cabestrillo.

—Por supuesto —asintió Will, y casi podía sentir el dinero en sus manos—. Por eso les he preparado lo mejor de mi Agencia.

—Lo que mi padre necesita —continuó la mujer— son fantasmas horrorosos y temibles. Fantasmas que asusten de verdad a los clientes, ¡que los aterroricen! ¡Que los electricen! No queremos fantasmas todo fachada y sin sustancia, y menos aún fantasmas débiles y cursis, como esos que se dedican a hacer jarrones de cerámica... No sé si me comprende.

—Perfectamente —mintió Will.

—El Hotel Mercer Applegate tiene que convertirse en un lugar siniestro y terrorífico.

—Me ha quedado claro —dijo Will con la voz ligeramente carrasposa.

Sentía que el viejo con el brazo en cabestrillo tenía los ojos clavados en él. Pensó que se habría hecho daño en algún tipo de accidente.

—¿Juega al golf? —le preguntó para distender el ambiente.

—No, qué va —dijo el hombre.

La mujer se apresuró a intervenir:

—Papá tropezó en un peldaño de la escalera.

—¡No tropecé en el peldaño! —negó el anciano con vehemencia—. ¡El peldaño se movió cuando yo lo pisé!

La mujer sonrió, dando a entender que era mejor zanjar la cuestión.

—¿Por dónde íbamos, señor Moogley?

Will descartó la idea que se le acababa de ocurrir. Por un momento, pensó en dar marcha atrás, en retirarse antes de que se produjese otro accidente misterioso. Pero su innata profesionalidad, así como la perspectiva de poder ganar el dineral que suponía aquel contrato, lo animaron a quedarse y seguir con su plan original.

De modo que alzó el bastón espiritista de su antepasado y dijo:

—Para explicarles cómo trabajamos, les he preparado lo que nosotros, los profesionales, llamamos... mmm... una gran aparición en masa.

—¡Fantástico! ¡Empiece!

—Bien... necesitaré un par de minutos —susurró Will.

Y empezó a dibujar en el suelo el sello de Athanasius.

Los tres seleccionadores lo miraron con curiosidad. Will, con su manga rota y arrastrando una pernera del pantalón, comenzó a trotar sobre la gran alfombra que cubría el suelo con el bastón espiritista en la mano. Trazó un círculo en cada uno de los ángulos de la alfombra, y otro círculo grande en el centro. Luego, impasible y concentrado, trazó varios signos en el aire. Por fin, tras colocarse sobre la figura geométrica invisible que había dibujado, levantó el bastón espiritista.

—¡Atención, señores! —gritó.

Cerró los ojos y rezó para que, en su casa de Manhattan, Tupper estuviese haciendo exactamente lo mismo que él.

—¡Aquí están! —exclamó.

Sintió un escalofrío en la espalda, e imaginó que, detrás de él, se habían aparecido ochenta fantasmas electrizantes, horrorosos, temibles y, como decía esa pelirroja boba, ¡terroríficos!

—Ejem, ejem —el abogado se aclaró la voz—. ¿Señor Moogley?

Will se relajó, y abrió un poco los ojos para observar a su alrededor.

No había ningún fantasma.

Ni uno.

—¡Esto es increíble! —exclamó improvisando una mueca vagamente parecida a una sonrisa.

Golpeó otra vez el suelo con el bastón, y miró con ojos implorantes el estampado rojo de la alfombra.

—Habrá habido... ejem... algún pequeño error... pero ahora les aseguro que... —murmuró, bastante confuso.

Tras diez minutos de vanos intentos, y en medio de un silencio terrorífico, el abogado le tendió gélidamente la mano:

—Gracias por haber venido, señor Moogley. Pronto le daremos una respuesta.

La maldición india

—¡Tupper! —gritó Will llamando furiosamente a la puerta de su casa—. ¡Tupper! ¡Abre de una maldita vez!

Cuando su amigo abrió, el chico entró en casa dispuesto a morderle.

—¿Se puede saber qué has hecho? —le espetó.

—¡Calla, Will! —le aconsejó Tupper señalando hacia el interior del piso.

—¡No pienso callarme! ¿Dónde están los fantasmas? ¿Por qué no se han aparecido en el Hotel Applegate?

—¡Y yo qué sé! ¡Calla, Will, por favor! Están todos aquí... ¡más enfadados que tú!

—¡Imposible!

Will corrió al salón, donde encontró a ochenta fantasmas con aire aburrido. Vio que eran los mismos a quienes había

evocado para que saliesen del reloj. Estaban el centurión Pitruvius, que, siguiendo su costumbre, no dejaba de parlotear con sus compañeros; el profesor Van Bigoten, que iba de una habitación a otra, muy pensativo; Lord Melancólicus, que observaba desde la ventana con la mirada perdida; y el temerario señor Speed, un as del volante. Los otros fantasmas, con cara de pocos amigos, se movían perezosamente por la casa, jugaban a cartas o en el ordenador.

—Buenas tardes —dijo Will calmándose de repente.

—¡Buenas tardes, jefe! —respondieron a coro los fantasmas—. ¿Cómo vamos a aparecernos en ese castillo?

Will miró en derredor.

—Tú has conseguido que saliesen del reloj —le susurró a su amigo.

—¡Pues claro que sí! Y los he colocado sobre la alfombra, como me dijiste. Luego he hecho el dibujo con el bastón espiritista... *exactamente* como había que hacerlo. Y no ha pasado nada, pero nada de nada.

—¿Y eso qué significa?

—¿Quieres mi opinión?

—Sí.

—Pues que uno de tus parientes está equivocado. O tu antepasado Athanasius estaba borracho cuando escribió sus instrucciones para las apariciones en masa. O... Ven conmigo, sólo será un minuto.

Entre tanto, algunos fantasmas se habían acercado a los jóvenes, y los estaban escuchando. Por eso Tupper empujó a Will hasta el cuarto de baño, cerró la puerta y le mostró el bastón espiritista de tío Alvin.

—Quería enseñarte esto sin que lo vieran ellos. Mira, aquí abajo hay algo grabado en letras muy pequeñas.

—«Muebles Peppers, Brooklyn» —leyó Willard, y palideció—. ¡Oh, no! ¡Éstos no pueden ser los bastones espiritistas de Athanasius!

—Exacto —asintió Tupper sentándose en el borde de la bañera—. Más bien parecen las patas de una mesa rota.

Will empezó a pasear arriba y abajo por el cuarto de baño.

—¡Si es que no me puedo fiar de tío Alvin! —exclamó.

—Tampoco puedes fiarte de tu tía. Él, por lo menos, no desea verte muerto.

—Qué desastre, Tupper —dijo Will, y se detuvo frente al espejo—. Un auténtico desastre. He quedado como un inútil. Cuando pienso en cómo se reía ese presumido de Fullerton cuando he salido de allí, es que me da... me da... ¡no sé lo que me da!

Tupper dejó que su amigo se desahogara. Luego se puso en pie, echó un vistazo a los fantasmas desde la puerta del baño y preguntó:

—¿Y ahora qué les decimos?

—¡Y yo qué sé! ¡Que la aparición en masa se ha anulado!

—Se enfadarán.

—¡Pues les decimos que se hará la semana que viene!

—Mmm... No son maneras de tratar a los clientes de la Agencia —dijo Tupper torciendo el gesto.

—¡No me lo pongas más difícil, Tupper! ¡Mira! —exclamó Will abriendo la puerta—. Ahora vas a ver cómo los echo a pat...

No pudo acabar la frase.

En el pasillo, frente al baño, estaban los ochenta fantasmas más temibles de la Agencia, con los brazos cruzados sobre el pecho. Incluso Lumpooo, el fantasma en forma de pulpo, cruzó sus treinta y seis tentáculos.

—¿Y ahora qué hacemos? —preguntaron a coro los ochenta fantasmas.

Halarm, un fantasma en forma de pera con quinientas orejas repartidas por todo el cuerpo, se apareció ante Will y dijo:

—¡Soy todo oídos, jefe!

El chico le pidió ayuda a Tupper con la mirada, y éste susurró:

—Venga, enséñame cómo los echas a patadas...

—Cobarde —murmuró Will antes de volverse hacia sus clientes y exclamar—: ¡Ectoplasma para todos!

Y así consiguieron que volvieran a meterse en el reloj de péndulo, no sin antes prometerles que los llamarían muy pronto. El último en desaparecer fue el viejo Brady, quien estaba empeñado en contarle a Will el último chiste que había inventado.

—Brady, mejor me lo cuentas mañana —intentó persuadirlo el joven.

—¡Ya verás, es *fantástico*! —insistió el fantasma.

—Seguro que sí, Brady —repuso Will cerrándole la tapa del reloj en las narices.

Parecía que hubiera pasado un ciclón por el piso. Había tarros de ectoplasma por todas partes, sillas y mesas patas arriba. Y las dos tortugas de Will habían desaparecido sin dejar rastro.

En un intento por recuperar cierta normalidad, Will le dio de comer a Callatú, y se preparó una taza de leche caliente.

—¿Al menos me has traído los buñuelos? —le preguntó Tupper al entrar en la cocina.

—¿Qué buñuelos?

—Te pedí dos Colussus.

—¡No me los pediste! Dijiste que me acordara de comprarte dos buñuelos Colussus. Y me acordé.

—¿Y dónde están?

—Me los he comido.

—Devuélveme mis cinco dólares, jefe —dijo Tupper tendiendo la mano.

—¿Lo dices en broma, no?

—No es ninguna broma. ¡No pienso consentir que me trates de esta forma, Will!

—¿Y con eso qué quieres decir?

—Quiero decir que, así, no puede haber confianza entre nosotros.

Will miró a Tupper a los ojos. Su robusto amigo estaba en lo cierto.

—Tienes razón, Tupper. Me he portado mal. Pero es que... los buñuelos estaban riquísimos. Leo también lo dijo.

Al oír ese comentario, Tupper recobró el buen humor, como si se los hubiera comido él.

—¿En serio? —preguntó.

—Sí, los mejores buñuelos que he probado.

—¿Ves como tienes que confiar en mí?

—Ya confío en ti —mintió Will.

Pero Tupper le creyó. Fue por sus cosas y se dispuso a marcharse. Antes de salir, se detuvo ante la puerta, como siempre.

—Ah, ¡lo olvidaba! He dejado en tu cuarto unas informaciones sobre ese hotel y su último propietario, Mercer Applegate. Encontré un par de cosas en el Libro Negro...

—¿Qué tipo de cosas?

—Que tu tío fue allí para escribir un artículo sobre los peores hoteles donde pasar las vacaciones. Y que descubrió la existencia de una maldición india en el lugar donde está edificado el Hotel Applegate.

Will fue a comprobarlo.

En el Libro Negro de la familia, un jovencísimo tío Alvin anotó escrupulosamente la historia del cementerio indio, y también la de Johnny el Afortunado, Sammy el Tuerto y Mercer Applegate, que había construido allí su hotel.

—Ahora empiezo a entender muchas cosas —murmuró Will hojeando los apuntes.

Lo que más le impresionó fueron dos fotografías. La primera, en blanco y negro, era de Mercer Applegate, en quien Will reconoció al instante al hombre que le había ofrecido té en la sala del hotel. La segunda era el retrato de la mujer que le contó toda la historia a tío Alvin. Era la misma del bar de los buñuelos.

En ese momento, un intenso olor a quemado le recordó a Will que había olvidado la leche en el fuego.

UNA FIESTA
MUY ESPECIAL

Tupper no dio señales de vida en toda la semana, y Will incluso consideró la posibilidad de llamarlo.

Cuando ya creía que debía buscarse otro amigo y colaborador para la Agencia de Fantasmas, oyó que llamaban al timbre y golpeaban la puerta.

—¡Malas noticias! —exclamó Tupper entrando en casa. Llevaba en la mano el último número del *Periódico Espectral*.

—Fantástico, Tupper. No sé yo si ésta es la mejor manera de volver...

Su amigo colgó la chaqueta en el perchero en forma de jirafa y fue directo al salón.

—Escucha esto: «Adam J. Fullerton III ha batido a la competencia, y ha convencido a Scary Inn para firmar un contrato de seis ceros. A partir del mes que viene, regresarán al hotel de Mercer Applegate la Astoria Ghost Orchestra, el legendario chef francés Fanfaluc, el duque de Sloppingham con sus maliciosas jugarretas y... redoble de tambores... ¡la glacial Rebecca, la Princesa Gris de los Espectros!».

—Era de esperar —comentó Will, resignado.

Tupper le lanzó una mirada de soslayo.

—Esa Rebecca es terrible —comentó, y le enseñó a Will la imagen de una fría mujer con un vestido de noche color gris humo, el pelo carbonizado y el largo cuello blanco cubierto de moratones—. Dicen que una exaltada muchedumbre invadió su palacio mientras ella estaba en plena clase de baile. Y que, antes de que la obligaran a salir, sus últimas palabras fueron: «Ninguna revolución puede detener un buen vals».

—Eso sí que son fantasmas —opinó Will—. Sólo hablar de ellos ya asusta.

—Es verdad —dijo Tupper, y lanzó el periódico sobre el sofá—. ¡Los Fullerton han propuesto a la *crème de la crème*!

—¡Qué vamos a hacerle, Tupper! La vida es así. Y así es la muerte. ¿Te apetece un buen juego de disparos? —propuso Will buscando sobre la alfombra los cables de la consola.

Poco después, unos timbrazos interrumpieron a los dos amigos.

—Voy yo —dijo Will, insólitamente activo. No lo habría admitido ni bajo tortura, pero lo cierto es que se alegraba de que Tupper hubiese regresado, y quería que su amigo lo perdonara.

Al otro lado de la puerta estaba McBride, el secretario de Fullerton.

—Ah, es usted —lo recibió Will, glacial.

—Buenas tardes, señor Moogley —dijo McBride con aire altivo. Y miró detrás del hombro del joven, como si quisiera entrar.

—Estoy muy ocupado, señor McBride —lo atajó rápidamente Will.

En ese momento, Tupper gritó:

—¡Date prisa, Will! ¡No puedo seguir manteniendo en pausa esta ametralladora!

El secretario de Fullerton rió, cada vez más melifluo.

—Siento molestarle en un momento tan delicado, señor Moogley. No se preocupe, seré breve.

Extrajo del bolsillo de la chaqueta un sobre color marfil.

—Esta noche, el señor Adam J. Fullerton III da una gran fiesta en honor de Scary Inn... para celebrar nuestro éxito en el Hotel Applegate.

Will cogió el sobre. Contenía una elegante tarjeta con los bordes recortados a mano.

—¿Y eso qué tiene que ver conmigo?

—Al señor Fullerton le encantaría que usted asistiera —contestó McBride, en un evidente tono de burla.

Tupper asomó por detrás de su amigo, confirmando así su tendencia a meter la pata en la puerta de entrada.

—¿Se puede saber quién es, Will? Los rebeldes nos acaban de matar a los dos a golpes de machete...

—Acompañado de su amigo, claro está —añadió el secretario sin poder contener la risa.

Tupper se ajustó las gafas sobre la nariz, perplejo.

Will se metió con rabia la tarjeta en el bolsillo.

—Dígale al señor Fullerton que estamos muy ocupados —respondió—, y que no podemos ir a su estúpida fiesta.

McBride se encogió de hombros.

—Como quiera, señor Moogley. —Se alejó hasta la puerta del ascensor—. Si cambia de idea... le recuerdo que debe llevar un traje oscuro.

Will se volvió hacia el hombrecillo.

—Sé que tiene uno muy bonito, señor Moogley —añadió el secretario antes de que las puertas del ascensor ocultasen su expresión sonriente.

—¡Desaparezca de mi vista! —gritó Will, furioso.

Luego dio un portazo y corrió hasta la ventana que daba a la calle.

Tupper lo siguió, lleno de curiosidad.

—Pero ¿qué ha pasado?

Will no se molestó en responderle, sino que observó cuanto ocurría veintinueve pisos más abajo. En seguida vio el monovolumen negro, detenido en mitad de la calle.

—¡Ahí está ese pijo! ¡Mira cómo se pasea, tan orgulloso de su victoria! ¿Quién se ha creído que es?

—Pero ¿de quién hablas?

Will le dio la tarjeta a Tupper.

—¿Una invitación para una fiesta en el Eleganthon Building? —exclamó Tupper. Luego leyó—: «Traje oscuro. S.R.C.». ¿Y eso qué significa?

—Significa que nos están tomando el pelo —respondió Will sin dejar de espiar a Adam Fullerton desde la ventana. De repente, su rostro se transformó en una máscara de rabia—. ¡Ah, no! ¡Ni hablar! ¡ESTO NO! —chilló, asustando a Tupper—. ¡NI LO SUEÑES, FULLERTON!

Will cruzó la casa como una flecha, abrió la puerta y corrió escaleras abajo.

Al asomarse a la ventana, Tupper vio que Adam Fullerton estaba charlando con la encantadora Susan del segundo. Ambos conversaban amablemente cuando Will irrumpió en escena. Le gritó algo a Fullerton, y éste se inclinó hacia atrás lanzando una sonora carcajada, le dio una palmada en el hombro y subió a su reluciente monovolumen.

La encantadora Susan y Adam Fullerton se despidieron, dejando a Will mortificado en medio de la acera.

Tupper se ajustó las gafas. Miró primero a su amigo, que estaba roto de dolor, y luego la tarjeta de invitación. Y su mente comenzó a trabajar...

—Tengo que hacer algo —masculló.

Entró en la cocina, el lugar donde siempre iba cuando quería pensar. Abrió la nevera, mordisqueó un pastelillo con sabor a coco y, de pronto, exclamó:

—¡Tengo una idea!

—¡Y a mí qué! —repuso Callatú desde su pie de plata.

Como Will no subía, Tupper decidió bajar a la calle. Encontró a su amigo desanimado e inconsolable, paralizado ante el portal, con su típica expresión de «no quiero hablar con nadie».

—Oye, Will...

—Déjalo, ¿quieres? —lo cortó el joven más pálido de Nueva York.

—No, no lo pienso dejar. Y tú tampoco deberías. ¡No podemos permitir que nos tomen el pelo de esta manera!

—¿Ah no? ¿Es que nos lo pueden tomar de una manera mejor?

—Yo creo que deberíamos ir a esa fiesta —prosiguió Tupper—. Ellos no esperan que vayamos, pero nosotros nos presentaremos en casa de Fullerton y le demostraremos que, en ciertas cosas, somos superiores.

—¡No te lo crees ni tú! —silbó Will.

—Piénsalo, Will. ¡Le haremos pagar lo que ha hecho! No sé cómo, pero... estas cosas se te dan mejor a ti que a mí.

—¿Hacérselo pagar? —murmuró Will, y la idea empezó a tomar forma en su mente.

—¡Sí! —insistió Tupper—. Por habernos quitado el trabajo con Scary Inn, por burlarse de nosotros invitándonos a la fiesta y también... por haber hablado con Susan.

Al oír estas palabras, en el ojo derecho de Willard Moogley brilló una chispa.

VENGANZA,
TREMENDA VENGANZA

—¡Señores, bienvenidos al Eleganthon Building! —los recibió el portero al llegar al final de la alfombra—. ¿Puedo ver su invitación?

—Aquí tiene.

Will achicó los ojos debido al exceso de luz. Con el traje de las grandes ocasiones bien arreglado y el cabello peinado hacia atrás, fijado con medio tarro de gomina, parecía una estrella de cine de los años treinta. A su lado, Tupper sostenía una gran bolsa de flores que parecía contener una sandía.

—La fiesta es por aquí, pasen, por favor —les indicó el portero—. Si el señor quiere dejar su... ejem... bolsa en el guardarropía.

Tupper negó tímidamente con la cabeza, y Will lo empujó hacia dentro.

—¡Oye! —protestó Tupper en voz baja—. Ten cuidado, o se me va a romper el pantalón.

Leo Miggins había hurgado en su trastienda, y le había prestado un esmoquin color violeta que perteneció al batería enano de la Slim Cigüeña Soul Band, un grupo desenfrenado que hacía furor en Nueva York allá por los años setenta.

Los dos chicos entraron en la gran sala de fiestas. Bajo una lámpara de cristal tan grande como un campo de béisbol, el ambiente relucía de mármoles y luces. Había mesas, alfombras rojas, tintineo de copas y camareros con bandejas repletas de canapés. El *discjockey*, desde su rincón, mezclaba con acierto dulces melodías de fondo.

Will y Tupper buscaron un lugar desde el que pudieran contemplar bien todo el espacio.

Las personalidades de la *jet set* neoyorquina, vestidas de noche, se habían situado en el centro de la sala. Los hombres, elegantemente enfundados en trajes negros e impecables; las señoras, en vaporosos vestidos de distintos colores. Adam Fullerton se pavoneaba entre ellos, como un director de orquesta, y McBride lo seguía a tres pasos de distancia. En la mesa de honor, el abogado de Scary Inn hablaba con la hija del anciano presidente, embutida en un vestido de lentejuelas amarillas con el que parecía una banana aplastada con un rodillo. El presidente de Scary Inn, aún más hosco que el día de la prueba de Will, estaba sentado un poco más lejos, arrellanado en un sofá rojo fuego. Según parecía, el hotel seguía gafado, porque, además del brazo en cabestrillo, ahora el hombre exhibía una pierna escayolada sobre una montaña de almohadones.

—Ésas son las consecuencias de comprar un terreno sobre el que pesa una maldición india —se burló Will.

—¿Y ahora qué hacemos? —preguntó Tupper, sin soltar la bolsa de flores que le colgaba del brazo.

Por toda respuesta, Willard Moogley se frotó las manos y, mientras recorría la sala con su mirada, lanzó una de sus risitas diabólicas.

—¿Conoces la palabra «caos», Tupper?

—Sí, significa que... —empezó a decir el chico que coleccionaba espinillas.

Pero Will lo interrumpió con un imperioso ademán.

—Da igual —dijo—. Esta noche verás lo que significa.

—Si tú lo dices... —comentó Tupper ajustándose las gafas con el dedo.

—Pero, antes de nada, vamos a comer algo para coger fuerzas —declaró Will en un tono digno de un general antes de la batalla.

Los dos amigos se abrieron paso entre los invitados hasta llegar al bufé, donde había una cantidad prodigiosa de canapés.

—¡Tupper! —gritó Will al ver a su amigo en apuros—. ¡Primero tienes que coger un plato, y *luego* lo llenas de canapés!

—Ah, vale —contestó el joven, y devolvió a la mesa algunas exquisiteces que llevaba en la mano.

Girando en torno a las mesas como buitres, los chicos se llenaron el estómago, y pusieron buen cuidado en no tropezarse con los pomposos rizos de Adam Fullerton, ni con las originales gafas de su secretario.

Tupper fue víctima de una vieja condesa, acompañada de tres caniches histéricos, que insistía en hablar del aseo de los perros, quien le aseguró que su esmoquin violeta era «realmente maravilloso».

Luego, de repente, bajaron las luces de la sala, y Adam Fullerton tomó la palabra.

—¡Señoras! —dijo subiendo a la plataforma del *discjockey*—. ¡Señores! ¡Un momento de atención, por favor!

—Ya empezamos —susurró Will, y sus ojos brillaron en la penumbra.

—¡Sincrotrones! ¿Ya? —exclamó Tupper, preocupado.

Mientras Fullerton hablaba, fue corriendo al bufé y se preparó un segundo plato gigante de canapés.

—¿Me he perdido algo? —preguntó al volver.

—Nooo... Ha dicho lo típico, bla, bla, bla. Creo que ya ha terminado.

La música cesó, y las luces se apagaron bruscamente, dejando la sala a oscuras. Un murmullo de voces hacía la espera más inquietante. Al fin, como siniestras figuras emergiendo de la niebla, se aparecieron los fantasmas. Primero, los músicos de la Astoria Ghost Orchestra, de frac; luego el chef francés Fanfaluc, con su cabeza sonriente encima de la bandeja; el duque de Sloppingham, con un ramo de rosas en la mano y, por último, ella, la temible y magnética Rebecca, la Princesa Gris de los Espectros.

El murmullo se transformó en un inmenso «¡¡¡Ooooooh!!!» de estupor. Los invitados más impresionables gritaron, asustados, y se desplomaron sobre los azulejos del oscuro salón. La gélida Rebecca avanzó hasta llegar al centro de la sala, que estaba dedicada a ella. Fanfaluc y el duque de Sloppingham deambularon entre el público como actores consumados. Los miembros de la orquesta se colocaron junto al *discjockey*. La multitud de invitados, agitada como el mar en pleno temporal, se sentía turbada al ver tantos fantasmas merodeando

por la sala. No se podía negar que la aparición organizada por la Agencia Fullerton era todo un éxito. *Al menos de momento.*

Las luces de la sala se encendieron con poca intensidad, y, en la cortina negra colgada detrás de la orquesta, se fueron iluminando unas letras de neón, hasta que todo el mundo pudo leer:

ULLERTON – REYES DEL ESCALOFRÍO DESDE 1822

Hubo una exclamación general de sorpresa, y un gran aplauso liberó las tensiones.

—¡Muy bien, Ullerton! —gritó un invitado.

—¡¿*Ullerton?!* —exclamó Tupper, perplejo.

En ese instante, se le acercó Will jadeando.

—La aparición de los fantasmas ha sido tan impresionante que he escupido mi gaseosa sobre la F de neón. ¡Qué lástima! —dijo en un tono supuestamente afligido.

Tupper se colocó las gafas sobre la nariz y volvió a mirar la frase que brillaba detrás de la orquesta: antes de la U de ULLERTON, distinguió *algo* que echaba chispas entre una nube de humo gris.

Entre tanto, McBride y su atlético jefe se abrían paso entre los invitados, procurando llamar la atención.

—¡FULLERTON! ¡Señores, el nombre de la Agencia es FULLERTON, con F! —gritaban sin parar.

Por toda respuesta, la masa de invitados repitió a coro y con entusiasmo:

—¡U-LLER-TON! ¡U-LLER-TON!

Una mueca de rabia se dibujó en el rostro de Adam Fullerton, mientras su secretario, asustado, intentaba refugiarse entre la multitud.

Will y Tupper disfrutaron con la escena, y luego prorrumpieron en grandes carcajadas.

—No está nada mal para empezar —comentó Tupper, con los ojos llorosos de tanto reírse. Luego mordió a la vez un canapé de caviar y un pastelillo dulce de crema.

—Ya —asintió Will con expresión maliciosa—. Pero no es suficiente. Creo que esta música no es la adecuada. Leo diría que es... ¿sosa? ¿Un muermo? ¿Cursi?

Tupper puso la mano sobre su bolsa de flores y dijo:

—¿Qué te parece? ¿Abrimos el baile?

—Me parece... ¡una idea genial!

Los dos amigos chocaron esos cinco, y Will se dirigió hacia la cabina del *discjockey*. Llegó en pocas zancadas, abriéndose paso entre la orquesta fantasma. Le tendió un misterioso cedé grabado al *discjockey*, y le ordenó en un tono que no admitía réplica:

—El señor Fullerton quiere cambiar la música. ¡Empieza con la pista 1, amigo!

El *discjockey* cogió el cedé y lo escuchó rápidamente con sus auriculares.

—¡Guau! —exclamó—. ¡Por fin algo rompedor!

—¡Dale al volumen, chaval! —lo animó Will.

Luego buscó a Tupper con la mirada. La vieja de los caniches había vuelto a atrapar a su amigo. Will le hizo el signo de OK con la mano, y Tupper le respondió con el mismo gesto.

Después, Will observó el resto de la sala, y su mirada se cruzó con la de McBride.

Tras la desaparición de la letra F, el secretario se había puesto muy nervioso. Advirtió que el asunto se estaba complicando, aunque no podía imaginar lo que sucedería a continuación.

—Buenas noches, McBride —dijo Will con su mejor sonrisa—. ¿Lo ve? ¡Al final hemos venido!

¡RAANG-RANG! ¡RAANG-RANG! ¡RAANGRR!

La suave música de ambiente cesó, y se oyó el potente sonido de unas guitarras eléctricas. El cambio paralizó a los invitados. En ese momento, Adam Fullerton estaba en el cuarto de baño, retocándose el peinado. Cuando notó que las paredes del Eleganthon vibraban como si hubiese un bombardeo, salió corriendo.

Oyó que el *discjockey* gritaba por el micrófono:

—¡Increíble, chicos! ¡Esto es pura energía!

Sobre el portentoso fondo de guitarras, estalló un ritmo *techno* loco y pegadizo, que entusiasmó a los invitados más jóvenes y asombró a los demás.

—¡McBride! —chilló Fullerton—. ¿Qué pasa aquí?

El secretario fue corriendo a la cabina del *discjockey* al oír los primeros acordes de guitarra, pero, antes de entrar, se tropezó con Will.

—¡Buenas noches, señor McBride!

—¿Qué está haciendo, Moogley?

—Oh, nada en especial... Sólo quiero animar un poco la fiesta. ¿Qué le parece esta música? ¿Es la bomba, no?

—¡Hay que quitarla en seguida!

—¿Por qué? Seguro que a sus fantasmas les entran ganas de ponerse a saltar. ¡Siga divirtiéndose, McBride!

El huesudo joven desapareció entre los invitados, que empezaban a moverse siguiendo el nuevo y creciente ritmo.

Tupper, desde el lado opuesto de la sala, sacó de la bolsa un gigantesco recipiente portafantasmas. Lo destapó y gritó:

—¡Adelante, Estruendus! ¡Haznos soñar!

Estruendus el Vándalo, el fantasma que iba loco por la música de discoteca, hizo resonar su imponente armadura, blandiendo su espada de filo dentado. Se colocó bajo las luces de la lámpara, y miró en derredor con aire amenazante, como si fuera a despedazar a alguien. Un comprensible grito de horror se levantó en la sala.

Sin embargo, Estruendus se limitó a seguir las instrucciones recibidas.

Cuando reconoció la silueta perfecta de Rebecca, se acercó a ella, le hizo una reverencia y, marcando el ritmo de la música *techno* con el pie, preguntó:

—¿Me concede este baile?

La Princesa fantasma observó unos instantes al fuerte caballero, y luego le tendió la mano.

—Sí. Hace siglos que no bailo.

—Venga conmigo —le dijo Estruendus el Vándalo, y la llevó al centro de la pista—. Y déjese llevar...

—¡Moogley! —gritó Adam Fullerton asiéndolo por detrás—. ¡Moogley! ¿Qué significa todo esto?

Will se soltó riendo.

—¿No ve que lo estoy ayudando, señor Fullerton? ¡Mire qué espectáculo he organizado!

En el centro de la pista, la Princesa de los Espectros y Estruendus el Vándalo giraban como grandes bailarines. En el punto culminante de la canción, Estruendus se quitó varias partes de su armadura, y las arrojó al público en plan *strip-tease*. La anterior sensación de estupor y miedo había desaparecido, y la mayoría de invitados seguía el movimiento de la pareja.

Los músicos de la Astoria Ghost Orchestra estaban mucho más animados que antes. Las chaquetas de los fracs y las pajaritas blancas habían volado por los aires, y ahora, en mangas de camisa, improvisaban desenfrenados arreglos sobre la música *techno* que invadía la sala.

—¡¿*Ayudando?!* —exclamó Fullerton, sorprendido—. ¡De eso nada! ¡McBride! ¡McBride! ¡Haga algo de una maldita vez!

McBride buscó a Will entre la multitud, pero el esbelto chico había desaparecido de nuevo.

Aprovechando la confusión que imperaba en el salón de fiestas, Will llegó junto a Tupper, y ambos se ocultaron bajo el mantel de una de las mesas del bufé.

—¿Y ahora qué hacemos? —preguntó Tupper sin aliento.

—Ahora que los fantasmas están descontrolados, tenemos que pensar en los invitados de carne y hueso —dijo

Moogley, muy satisfecho, y extrajo del bolsillo de la chaqueta un frasco muy curioso.

—¿Y eso qué es?

—Es el mejor, el más puro... ¡Resbaliz Moogley!

—No entiendo nada.

—Es un preparado que encontré hojeando los libros del viejo Athanasius. Mis antepasados lo utilizaban para librarse de los acreedores demasiado insistentes. Es una especie de aceite letal: echas un poco en el suelo, se extiende por todas partes y, entonces, resulta imposible permanecer de pie.

—¡Sincrotrones, menudo espectáculo!

Will desenroscó el tapón del frasco y, furtivamente, vertió su contenido en el suelo. Los dos amigos asomaron la cabeza por debajo del mantel, y observaron que la mancha aceitosa se extendía a una velocidad impresionante. Tuvieron el tiempo justo de salir a gatas y refugiarse en un sofá, antes de que una señora corpulenta, vestida de rosa pastel, pisara el Resbaliz y aterrizase sobre el bufé, provocando una auténtica explosión de canapés.

Y aquello sólo fue el principio.

Luego le tocó al alcalde de Spoonville, cuyos lustrosos zapatos se empaparon de Resbaliz. El pobre intentó mantenerse en pie, y empezó a dar saltitos como un bailarín de claqué.

Al final, acabó rodando por el suelo, proyectado a toda velocidad contra la enjoyada esposa de un general. El impacto fue inevitable. La copa de cóctel de la mujer voló hasta posarse en la lámpara de cristal. Su marido, con uniforme de gala, acudió inmediatamente en su ayuda, pero la diabólica y aceitosa sustancia había llegado a casi todos los rincones de la sala, y el general cayó sobre una gigantesca tarta, tras derribar a un famoso industrial del plástico.

En poco tiempo, se produjo un inevitable efecto dominó: los invitados caían como peras maduras, y resbalaban por el suelo llevándose por delante a otros invitados. A todo esto, los fantasmas no les hacían ni caso, puesto que se les había contagiado la fiebre de Estruendus el Vándalo. Entre los espíritus danzarines y el suelo lleno de Resbaliz, el caos era total.

Sólo Will y Tupper disfrutaban del espectáculo, arrellanados en el sofá como náufragos en un bote salvavidas.

De repente, una voz llena de ira resonó cerca de sus oídos.

—¡Maldito Moogley! ¡¿Esto también es cosa suya, verdad?! Pues no vaya a creer que...

Los chicos se volvieron y observaron la hercúlea figura de Adam Fullerton, con expresión furibunda y el rubio peinado deshecho. El heredero de la Agencia de Fantasmas más chic de Nueva York no pudo terminar la frase: tras oír una especie de silbido indescifrable, desde un pasillo lateral llegó el secretario McBride... deslizándose por el suelo con las piernas y los brazos extendidos, más rápido que un misil.

—¡Pistaaaaaaaaa!

En un segundo, el hombrecillo de las gafas futuristas derribó a su jefe, y ambos resbalaron hasta adquirir mayor velocidad. Al final, tras un recorrido de varios metros, chocaron con la mesa de los licores, provocando un estrépito de cristales rotos.

—¡Genial! —dijo Will, exultante.

Sólo faltaba hacer una cosa. Y no resultó muy difícil.

El anciano y hosco propietario de Scary Inn seguía en el sofá rojo, desde donde contemplaba los desastres de la velada, y había empezado a lamentarse con su hija:

—¿Éstos son los fantasmas terroríficos, sanguinarios y horripilantes? ¡Me estáis tomando el pelo! ¡No soporto a los fantasmas!

—Papá, yo...

—Tú ahora tienes que sacarme de aquí, ¿entendido? ¡Nos vamos a casa!

—Pero, papá, el hotel...

—¡Se acabó! Lo del hotel de los fantasmas no es más que otra de tus ideas sin sentido. ¡Míralos! ¡Mira a esa especie de lord inglés ligando con la vieja de los caniches! Y a la... la... ¡la Princesa de los Espectros! ¿Tú crees que alguien va a pagar una habitación de lujo para que lo aterrorice un fantasma así? ¡Ésa no asusta ni a un niño!

—Papá, te equivocas... la gente...

—¡La gente resbala por el suelo de la risa que le da! ¡Se están riendo! ¡Míralos! ¡Se ríen de ellos y de nuestro contrato millonario! Sácame de aquí en seguida.

Will se acercó al viejo con sumo cuidado, para no resbalar.

—Un caos total, ¿no cree? —le preguntó.

El presidente de Scary Inn le lanzó una mirada llena de ira.

—Tú eres el otro candidato.

—Sí, el *otro*. El que ustedes rechazaron. Pero no se preocupe. No estoy aquí para venderle otro trabajo fantasma.

Y le tendió un informe con un resumen de las historias del cementerio maldito, de Johnny el Afortunado, convertido después en Johnny el Fulminado, y de todo lo que sucedió después. El anciano lo hojeó rápidamente, mientras la gente seguía deslizándose a toda velocidad a causa del Resbaliz.

Tras un primer vistazo, el presidente miró a Will.

—¿Cómo se ha roto la pierna? —le preguntó el joven.

—Fue por la mesa del comedor —susurró el hombre, furibundo—. Estábamos comiendo y, de repente, ¡PAM!, la mesa me cayó sobre el pie.

—¿Lo ve? Es por culpa de ese lugar.

—Qué demonio de chico. Tienes toda la razón.

El anciano hojeó apresuradamente el informe.

—¿Y qué debo hacer?

—Ha sido usted un ingenuo al comprar ese hotel. Si me acepta un consejo, véndalo en seguida. O regálelo. ¡Tiene que deshacerse de él!

—¿Cuánta gente conoce esta historia? —preguntó el presidente de Scary Inn señalando el informe.

—Poca —respondió Will, y esquivó a un camarero que patinaba por el suelo—. Pero podrían descubrirlo todo antes de que usted...

En ese momento, oyeron elevarse la voz de Adam Fullerton entre la multitud.

—¡Señoras! ¡Señores! ¡Por aquí, por favor! ¡Un poco de caaaaaalmaaa!

—... antes de que usted encuentre a otro ingenuo a quien poderle endilgar el castillo —terminó Will con un guiño.

Y, mientras el anciano se ponía en pie impulsado por una idea luminosa, Willard Moogley desapareció en el caos de la sala de baile, perdiéndose entre la multitud.

¡La noche es joven!

Tres figuras, dos más pequeñas y una enorme, envuelta en una armadura translúcida, caminaban por las húmedas aceras del Upper East Side de Nueva York.

Estaban cansados, pero satisfechos.

Will, con las manos hundidas en los bolsillos de su chaqueta heredada, miraba en derredor como si fuese la primera vez que andaba por Nueva York de noche. Tupper sostenía el enorme tarro de cristal, que había llenado de canapés antes de salir huyendo de la fiesta. Detrás de ellos, vagaba Estruendus, muy contento.

—¡Qué mujer! —exclamaba de vez en cuando—. ¡Qué Princesa! Me ha dado su número de *no móvil*. En cuanto vuelva al *Más Allá*, la llamaré.

Un taxista pasó junto a ellos, y se los quedó mirando con expresión estupefacta.

—Me estabas diciendo que luego has ido a verlos —dijo Tupper.

—Sí, y he tenido que esquivar al pesado de McBride, o lo que quedaba de él. El viejo ha pedido una muleta, ha mandado callar a su hija de una vez por todas y ha roto el contrato delante de las narices de Fullerton. Creí que Adam iba a echarse a llorar delante de todos —relató Will, y se detuvo en el cruce entre la Setenta y Siete y la Tercera—. Entonces McBride ha empezado a saltar como una rana en torno al viejo, diciendo que no podía romper el contrato así como así. Parecía una madre protegiendo a su bebé.

—¿Y el viejo?

—Lo ha ignorado por completo. Y cuando McBride lo ha amenazado con su vocecilla histérica...

El semáforo se puso verde, y los tres cruzaron la calle.

—¡*Let's dance*! ¡*Pa-pa-rapá-pa-ra*! ¡*Let's dance*! —canturreó Estruendus balanceando las caderas.

—¿Qué ha hecho el viejo?

—Ha sacado el contrato de compra del hotel, ha cogido un bolígrafo, lo ha firmado y se lo ha entregado a Fullerton. «Aquí tiene —le ha dicho—. El hotel vale un millón de dólares. ¡Es suyo, se lo regalo!»

—Y el rubio ha aceptado —dijo Tupper riendo.

—Claro que ha aceptado. Estaba en el séptimo cielo, no podía creer la suerte que había tenido...

—¡Sincrotrones! Si es cierto que el lugar está maldito, eso significa que nos hemos librado de la competencia, al menos por un tiempo —reflexionó Tupper.

—Sí —sonrió Will en el siguiente cruce—. Pero no debemos confiarnos. Los Fullerton no se van a quitar de en medio tan fácilmente.

Miró a su alrededor, y se rascó la cabeza con la intención de eliminar un poco de gomina. Para volver a casa, tenía que girar a la izquierda, mientras que su amigo debía seguir recto. Suspiró a modo de despedida.

—Oye, Tupper, ha sido un día muy largo. Lo mejor será que nos vayamos a dormir...

La boca de Tupper se abrió en un inmenso bostezo.

—Sí, es una gran idea.

—¡Chicos! —gritó Estruendus, alarma-

do—. ¿Es una broma, no? ¡Me habíais prometido una noche de baile desenfrenado!

—Habla con Tupper, Vándalo —repuso Will—. Yo me voy a la cama.

—¿Por qué tiene que hablar conmigo? ¡La Agencia es tuya!

—Pero la idea de llamar a Estruendus ha sido tuya.

—¿Y qué? Después de todo lo que he hecho... no puedes dejarme aquí con este... gordinflón, que quiere bailar toda la noche. ¡Tendrías que estarme agradecido!

—Y te estoy muy agradecido, Tupper —dijo Will aferrándole las manos a su amigo y apretándolas con vigor—. Te lo agradezco de todo corazón.

Will vio que Estruendus seguía el ritmo con la empuñadura de su espada, y sonrió maliciosamente al decir:

—¡Muy buenas noches a los dos!

ÍNDICE

1. Un día terrible   9

2. El bastón espiritista   25

3. Evocar a tío Alvin.   41

4. El intachable Fullerton.   51

5. Una tarde llena de altibajos (más bajos que altos)   59

6. La capital de los buñuelos   69

7. La prueba   93

8. La maldición india. 113

9. Una fiesta muy especial 123

10. Venganza, tremenda venganza 131

11. ¡La noche es joven! 149

Pierdomenico Baccalario

Nací el 6 de marzo de 1974 en Acqui Terme, una hermosa localidad situada en la región italiana de Piamonte. Crecí rodeado de bosques, con tres perros, una bicicleta negra y mi amigo Andrea, que vivía a cinco kilómetros de mi casa.

Empecé a escribir cuando iba al instituto. Siempre que me aburría en clase, fingía tomar apuntes, pero en realidad escribía cuentos. En el colegio conocí a un grupo de amigos. Nos encantaban los juegos de rol, y juntos inventamos y exploramos universos fantásticos. Lo de explorar no se me da mal, tal vez porque soy muy curioso.

Mientras estudiaba Derecho en la universidad, gané el Premio Battello a Vapore con la novela *La strada del guerriero* [El camino del guerrero]. Aquél fue uno de los días más felices de mi vida, y, a partir de ese momento, comencé a publicar novelas. Cuando terminé la carrera, trabajé en museos y proyectos culturales, y siempre intenté que los viejos objetos polvorientos contaran historias interesantes. También empecé a viajar por mi país, para ampliar horizontes: Celle Ligure, Pisa, Roma, Verona...

Me gusta mucho conocer nuevos lugares y descubrir otras maneras de vivir, aunque, al final, siempre me refugio en las mismas.

Tengo mi rincón especial. Está en Val di Susa, un valle de mi región, y es un árbol desde el que se contempla un paisaje magnífico. Si os gusta andar tanto como a mí, os diré cómo llegar.

Pero tenéis que guardarme el secreto.

Matteo Piana

Me han pedido que escriba mi biografía... pero yo no sé escribir.

Sólo puedo deciros que nací en el lejano 1973, y que, de pequeño, ya me gustaba inventar historias y contarlas con dibujos. Como todo el mundo, fui al colegio, y cuando me hicieron la fatídica pregunta «¿Qué quieres ser de MAYOR?», contesté: pilotar robots, dibujar cómics o ser un superhéroe. Al fin, elegí dibujar cómics... ¡para no hacerme nunca mayor!

Entre dibujo y dibujo, me gusta comer chocolate, echar una siesta con mis gatos, pintar soldaditos, ver un montón de películas y, obviamente, ¡leer cómics!

Cuando me siento ante la mesa de trabajo, no se me ocurre una sola idea. Entonces me pongo la cazadora y el casco, monto en mi negro corcel de dos ruedas y circulo sin rumbo, esperando a que se me encienda la bombilla. Luego vuelvo a casa, me siento a la mesa, cojo el lápiz y empiezo...

¡Y esto es todo! (¡¡¡Alguien sabe qué es una biografía???)

Las fantasmagóricas aventuras de Will Moogley y la Agencia de Fantasmas más desastrosa del planeta

1. HOTEL DE CINCO ESPECTROS

Una famosa cadena hotelera desea transformar un viejo hotel de cinco estrellas en un establecimiento fantasmagórico... ¡Una gran oportunidad para sacar a flote la ruinosa Agencia de Fantasmas Willard Moogley!

2. UNA FAMILIA... ¡ESCALOFRIANTE!

Will debe atender a un cliente insólito... el fantasma del señor Jerrold Plum. Cuando estaba con vida, era vigilante nocturno en un museo, y nunca conseguía pegar ojo. Por eso ahora su único deseo es... ¡poder dormir todas las noches!

Tito
Talabarte

Desastrivarius

Duque
de Sloppingham

Hermanos Turricane